NON, VOTRE SALAIRE N'EST PAS L'ENNEMI DE L'EMPLOI !

FRANÇOIS PERRET

NON, VOTRE SALAIRE N'EST PAS L'ENNEMI DE L'EMPLOI !

DUNOD

Suivi éditorial : Guillaume Clapeau et Églantine Assez

Fabrication : Martine Pierron

Mise en pages : Kepler

Couverture : Studio Dunod

Photo de couverture : © Henri Rimbaud

11 rue Paul Bert, 92240 Malakoff

www.dunod.com

ISBN : 978-2-10-084055-7

« Aucune question n'est plus importante que celle des salaires. La plupart de nos compatriotes ne vivent que de salaires. Le pied sur lequel ils vivent, le taux de leurs salaires, déterminent la prospérité de notre pays. »

Henry Ford, *My Life and Work*, 1922.

Table des matières

Introduction

Une bataille âpre. Des visages crispés. Avec l'inflation, la tension est montée d'un cran sur les salaires dans les entreprises en 2022. Avec quatre hausses du smic en moins de douze mois – dont la dernière en date du 1er août 2022 –, et une revalorisation de +2,01 % portant le salaire minimum à 1 329 euros brut mensuels, une pression sans précédent s'exerce dans de nombreuses branches pour qu'elles renégocient leurs accords salariaux. Patronat et syndicat s'observent sous l'œil attentif du ministère du Travail qui fait la chasse aux secteurs d'activité n'ayant pas encore revalorisé leurs minima conventionnels pour tenir compte des augmentations du salaire minimum interprofessionnel. Employeurs et salariés se toisent. Qui va lâcher du lest le premier à l'occasion des négociations annuelles obligatoires (NAO) ? L'enjeu est de taille, car les smicards ne représentent que 12 % des salariés du privé. Et il serait à la fois inique et contre-productif de laisser tous les autres, soit près de neuf salariés sur dix, sur le bord du chemin.

Chacun se bat pied à pied. Avec ses arguments. Les représentants des salariés invoquent la baisse persistante du chômage ou encore les efforts accomplis et les sacrifices pendant la crise du Covid-19, sans lesquels la reprise économique constatée à la fin de l'année 2021 n'aurait pas pu avoir lieu.

Les patrons aussi se défendent. Il est vrai que le chômage recule (-0,8 %) au deuxième semestre 2022, reconnaissent-ils, et que le taux de marge des entreprises, c'est-à-dire le rapport entre les bénéfices et la valeur ajoutée, est remonté à 34,5 % en 2021, son plus haut niveau historique depuis 1950. Mais il faut penser à investir, avertissent-ils, et à se prémunir aussi face à de multiples incertitudes, encore aggravées par la guerre en Ukraine, la crise de l'approvisionnement et des prix de l'énergie qui dégrade le résultat d'exploitation, une inflation galopante, l'affolement sur les marchés financiers...

Comment conjuguer ainsi restauration durable de notre compétitivité, dynamique d'investissement de notre économie et élévation générale des salaires ?

Un dilemme au cœur de la controverse que met en scène Émile Zola dans *Germinal* (1885), opposant Deneulin, le patron des mines de Vandame, et des mineurs qu'il cherche à raisonner après qu'ils aient formulé une demande d'augmentation : « Vous voulez cinq centimes, et j'accorde que la besogne les vaut. Seulement, je ne puis pas vous les donner. Si je vous les donnais, je serais simplement fichu. Comprenez donc qu'il faut que je vive, mais d'abord pour que vous viviez. Et je suis à bout, la moindre augmentation de prix de revient me ferait faire la culbute [...]. »

Car près d'un siècle et demi plus tard, les deux blocs continuent de s'affronter. De se regarder sans vraiment se comprendre. De s'opposer sans vraiment débattre. Probablement parce que jusqu'à aujourd'hui, il n'y a jamais vraiment eu de débat salarial construit et serein. Sauf peut-être dans les années 1960, à une époque où la politique des revenus fit l'objet d'un débat public, avec la Conférence des revenus organisée par Pierre Massé, puis quelques années plus tard avec les initiatives prises par le gouvernement de Jacques Chaban-Delmas, entre 1969 et 1972.

Depuis lors, le néant. En guise de débat salarial, des caricatures, des simplifications, des approximations. Et finalement, des procès d'intention réciproques.

Pour les uns, le salaire n'est pas tellement autre chose qu'un « coût ». Celui du travail. Un ensemble de charges qui pèsent sur le budget de l'entreprise et pénalisent sa compétitivité. Le salaire a beau alimenter le canal de la consommation, comme Henry Ford (1863-1947) en avait fait l'éclatante démonstration aux États-Unis, au point de faire passer lui-même le salaire minimum de ses ouvriers de 2,40 dollars à 5 puis 6 dollars par jour afin de leur permettre d'acheter les voitures qu'ils produisaient... il est encore regardé aujourd'hui comme un frein à la croissance. Comme l'ennemi irréductible de l'emploi.

Alors que pour d'autres dont je suis, le salaire est très loin d'être seulement un prix sur le marché. Il est un marqueur du contrat social. Et ce n'est que justice de le regarder ainsi quand on voit combien il pèse dans la destinée économique et sociale des individus. À eux seuls, les revenus du travail ne représentaient pas moins de 60,5 % du revenu disponible des ménages en 2020. Une proportion en réalité encore beaucoup plus élevée si l'on inclut les versements destinés au financement des retraites...

Le salaire est aussi un « miroir » de l'idée qu'on se fait de sa réussite, un des déterminants, à tort ou à raison mais c'est ainsi, de la reconnaissance sociale.

Avec plus de quatre Français sur cinq qui sont salariés, tout le monde se sent concerné et affecté par les évolutions de la pente salariale...

C'est vrai qu'il y a d'autres éléments qui pèsent, en ce qui concerne les revenus, sur leur niveau de vie (des majorations pour heures supplémentaires, des primes, des indemnités de transport ou de congés payés, des gratifications, des avantages en nature – nourriture, logement, etc.) mais le salaire de base occupe un espace économique et symbolique extrêmement dense dans notre pays.

Alors que le pouvoir d'achat n'a jamais été aussi présent dans les préoccupations de nos concitoyens, le salaire en reste l'emblème, loin devant les prestations sociales qui ne peuvent à elles seules corriger d'éventuelles insuffisances de distribution du revenu primaire[1].

La différence entre les deux est d'ailleurs fondamentale et presque ontologique. Le salaire, à l'exception du smic et du « traitement » des fonctionnaires, ne dépend pas de l'intervention publique. C'est bien l'employeur qui le fixe. Alors que les prestations sociales sont une manifestation redistributive organisée dans le cadre de l'État-providence.

Poser la question du niveau des salaires en France aujourd'hui, c'est donc soulever la question de la contribution respective de la solidarité qui se structure dans le cadre privé (les branches professionnelles et les entreprises) et celle qui, dans une moindre mesure, est liée à la solidarité publique, au travers de la fixation du salaire minimum et des rémunérations dans les fonctions publiques.

Oser ouvrir le débat sur les salaires, ce n'est pas forcément glisser dans la facilité en oubliant l'impératif de conquête économique qui détermine à moyen terme le niveau de vie des Français.

Oser ouvrir le débat sur les salaires, c'est rechercher l'équilibre optimal entre notre préoccupation productive à l'heure de la réindustrialisation et l'ambition de protection du pouvoir d'achat qui doit aussi nous guider.

Oser ouvrir le débat sur les salaires alors qu'un nouveau quinquennat vient de s'ouvrir, c'est accepter de nouveau de servir l'objectif que le travail doit payer plus ; qu'un travail *plus tôt*, *pour tous* et sans doute pour *plus longtemps*, s'inscrit dans un « compromis productif et salarial » clair, loyal et ambitieux pour les cinq prochaines années.

---

1. Les revenus primaires correspondent aux revenus des agents économiques qui sont reçus immédiatement en rémunération des facteurs de production (travail, capital).

Augmenter les salaires n'est pas une utopie. À l'occasion du Ségur de la santé organisé en 2020, ce sont 183 euros net par mois de revalorisation de la rémunération du salaire des personnels soignants qui avaient été acquis. Et en 2022, les négociations dans l'hôtellerie-restauration ont abouti à plus de 16 % d'augmentation des salaires dans l'ensemble des métiers du secteur.

Chez notre voisin allemand, les douze mille salariés de la filière textile ont obtenu début mai une augmentation de 5,6 % des salaires[2].

Augmenter les salaires, c'est donc possible[3].

Augmenter les salaires, c'est également souhaitable à la fois pour stimuler le développement économique et assurer le renouvellement de notre contrat social.

C'est *possible* et *souhaitable*. Mais pas n'importe comment. Aux États-Unis, l'augmentation de 45 % des salaires de début de carrière prévue en juillet par Apple pour ses employés répond à un enjeu parfaitement exceptionnel de fidélisation des collaborateurs de la célèbre marque à la pomme. Elle n'est pas reproductible ailleurs.

Le « grand soir salarial » n'est pas une perspective. Le « tunnel salarial » non plus.

Ce livre explique les conditions auxquelles sortir de l'immobilisme salarial en France et en Europe, sans douleur pour notre économie.

---

2. « Allemagne : grève en vue pour les salaires dans la sidérurgie », *Le Figaro*, 25 mai 2022.
3. Cappelletti Laurent et Savall Henri, « Augmenter les salaires, c'est possible », *Le Monde*, 8-9 mai 2022.

Chapitre 1

Alerte sur les salaires

Pour la « fête du travail », des cortèges rassemblant plusieurs centaines de milliers de manifestants défilaient le 1er mai à Paris et dans toute la France contre le report de l'âge légal de départ à la retraite et pour des hausses de salaires.

Après deux années de crise sanitaire pendant lesquelles les salariés avaient été mis à contribution pour retrouver le chemin de la croissance puis face à une inflation ayant atteint +6,1 % en juillet 2022 sur un an, ce retour dans la rue, quelques jours seulement après la victoire d'Emmanuel Macron dans les urnes, symbolise un mécontentement populaire très fort sur la question sociale et des attentes explosives en termes de pouvoir d'achat.

Ces mobilisations s'ajoutent aux revendications exprimées dans de nombreuses entreprises depuis l'automne 2021 en faveur d'un travail mieux rémunéré pour le plus grand nombre.

On aurait tort d'analyser ces manifestations comme la réponse à un problème strictement circonstancié, seulement en rapport avec la hausse des prix de l'énergie, attisée par la guerre en Ukraine.

En France, les revenus du travail – une fois la hausse générale des prix pris en compte – sont stationnaires ou presque depuis des décennies. Les Français peinent de plus en plus difficilement à accepter cette situation alors que le poids de leurs « dépenses obligatoires » ne cesse d'augmenter par ailleurs, rendant les fins de mois de plus en plus compliquées. Or, chercher systématiquement à compenser cette augmentation du coût de la vie par les transferts sociaux en lieu et place d'une augmentation des salaires, comme les gouvernements successifs s'y emploient depuis quinze ans, crée beaucoup plus de problèmes que cela n'en résout.

Quand les revenus du travail font du surplace

L'immobilisme salarial ne date pas d'hier. C'est à la fin des années 1970 qu'on observe sa mise en place avant qu'il ne soit érigé par la suite en véritable « dogme », régnant depuis lors sans partage sur le continent européen.

Les revenus des salariés sont pénalisés par rapport au profit. Comment être aussi affirmatif ? Le mécanisme est assez simple à comprendre : lorsque les salaires réels par tête augmentent plus vite que la productivité par tête, alors la part des salaires dans le revenu national augmente. C'est de bon augure pour les collaborateurs.

En revanche, quand ils augmentent moins vite que la productivité par tête, c'est alors la part des profits dans le revenu national qui augmente. Au détriment des salariés. Et c'est bien un tel phénomène qui s'enclenche progressivement aux États-Unis d'abord – au moment de la présidence ultralibérale de Ronald Reagan (1981-1988) – puis en Europe pour finir par contaminer à la fin de la décennie suivante (1997-1998) le Japon, alors touché par une grave crise bancaire.

Les salaires nominaux[1] dans les principaux pays occidentaux fléchissent. Une tendance constante et qui se renforce encore depuis la décennie 2000. Et personne ou presque pour s'y opposer vraiment.

1. Le salaire nominal est le salaire perçu par unité de temps (généralement par mois) indiqué sur la fiche de paie du salarié.

L'alerte sera lancée mais beaucoup plus tard. Dans une interview donnée en 2007 au *Financial Times*, l'ancien président de la Réserve fédérale américaine (l'équivalent de la Banque centrale européenne pour les États-Unis), se déclarait troublé par une « caractéristique très étrange » du capitalisme contemporain : « la part des salaires dans le revenu national aux États-Unis et dans d'autres pays développés, écrivait-il, atteint un niveau exceptionnellement bas selon les normes historiques.[2] »

Une déclaration fracassante intervenant quelques mois seulement avant qu'éclate la crise financière de 2008 : Alan Greenspan met alors en garde contre l'entrée dans une ère de quasi-stagnation salariale avec des répercussions incalculables, pouvant aller jusqu'à entamer un peu plus encore la foi, déjà à maintes reprises ébranlée, dans le modèle libéral.

Cet avertissement n'aura servi à rien. Ou presque. Après la chute de Lehman Brothers (septembre 2008), la contagion de la crise financière à l'économie réelle, puis la crise des dettes souveraines en zone euro entre 2012 et 2015, les chefs d'État et de gouvernement ont le regard ailleurs.

Dix ans plus tard, ce sont deux organisations internationales avec pignon sur rue qui sont contraintes à leur tour de tirer la sonnette d'alarme pour dénoncer le faible niveau de rémunération des salariés dans les pays avancés.

Avec à chaque fois le même constat implacable. Pour l'Organisation internationale du travail (OIT) dans son rapport mondial sur les salaires 2018-2019, la croissance des revenus du travail continue de plafonner, malgré une baisse générale du chômage et une croissance mondiale toujours dynamique.

Chiffres à l'appui, l'organisation installée à Genève martèle que la croissance salariale mondiale, en termes réels, a ralenti de 2,4 % en 2016 et 1,8 % en 2017. Et prévient : la tendance ne

2. Greenspan Alan, Interview au *Financial Times,* septembre 2007.

sera pas tellement plus favorable pour l'année suivante et même franchement dégradée dans les pays dits du « G20[3] ».

Dans sa déclaration à la presse le 26 novembre 2018, Guy Ridler, directeur général de l'OIT, met les pieds dans le plat en prévenant des conséquences possibles de cette dégradation : atteintes possibles à la croissance économique et bien sûr à la hausse des niveaux de vie. De quoi justifier son appel pour que les pays explorent « avec leurs partenaires sociaux, les moyens de parvenir à une croissance salariale durable du point de vue économique et social ».

Une prise de position qui ne diffère guère de l'alerte lancée six mois plus tôt par l'OCDE. Son secrétaire général, Ángel Gurría, avait alors fait part d'une situation bien paradoxale : l'écart entre une « croissance des salaires plus morose qu'avant la crise financière » et un environnement pourtant bien plus favorable sur le marché du travail[4]. Car un peu partout, le chômage reflue.

Dans plusieurs pays, à commencer par l'Allemagne, les États-Unis ou encore le Japon, les salaires réels[5] augmentent ainsi moins vite que la productivité. Sur trente ans, entre 1990 et 2019, les données internationales montrent que le salaire réel a augmenté de 23 % en moyenne dans les économies de l'OCDE tandis que les gains de productivité ont augmenté de 49 %[6].

Un recul absolu pour les salariés.

---

3. OIT, Rapport mondial sur les salaires 2018-2019, 26 novembre 2018.
4. OCDE, édition 2018 des perspectives sur l'emploi, 4 juillet 2018.
5. Le salaire réel est le pouvoir d'achat du salaire nominal, c'est-à-dire ce qu'il permet d'acheter une fois pris en compte les effets de l'inflation.
6. ARTUS Patrick, *40 ans d'austérité salariale. Comment en sortir ?*, Odile Jacob, décembre 2020, p. 25.

Figure 1 – Salaire réel et productivité par tête (base 100 en 1998)

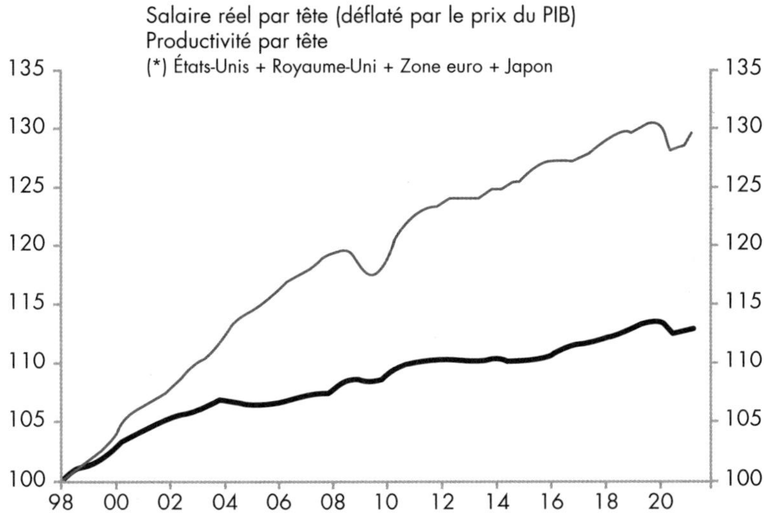

Sources : Thomson Reuters, Sources Nationales, NATIXIS, 2021.

La France n'est pas spécialement pointée du doigt comme le cancre de la classe. C'est vrai. En tendance, rappelle l'OCDE, le salaire horaire dans notre pays avant crise sanitaire continuait d'augmenter à un rythme légèrement plus soutenu que celui de la moyenne des trente-cinq autres pays.

Il serait inexact d'en conclure que notre économie n'a pas pour autant un problème de faiblesse de ses salaires. Celui-ci existe bel et bien. Avec une productivité par tête en berne – elle a même été négative en 2019 et 2020 – les salaires piquent du nez. Avec une tendance aggravante pour le niveau de vie des salariés dans notre pays : les ménages doivent faire face à une hausse marquée du poids des dépenses contraintes (prix de l'énergie, de l'immobilier, etc.).

Dans les années immédiates précédant le Covid-19, les salaires réels augmentent dans la douleur, autour de +1 % en moyenne entre 2014 et 2020, avec des creux importants comme pour l'année 2017 avec seulement +0,1 %. C'est ensuite une descente aux enfers salariale provoquée par le ralentissement de l'activité économique et le recul historique du PIB français enregistré en 2020 (-7,9 % en euros constants).

Car beaucoup d'actifs, cantonnés pendant plusieurs mois en « activité partielle », voient leur rémunération chuter. Ainsi l'Insee a-t-il calculé que le salaire journalier net (prenant en compte les périodes de chômage partiel) avait baissé de -4 % en 2020. Avec une réduction particulièrement marquée dans les secteurs les plus exposés à la crise, comme celui de l'hôtellerie-restauration qui a accusé une chute de -26,4 %. L'aide gouvernementale permettra en tout cas aux employés de s'en sortir financièrement. Grâce à elle, les revenus ont, en moyenne, augmenté de +0,8 % en euros constants pour l'ensemble de l'économie (-2,9 % seulement dans l'hôtellerie-restauration, touchée de plein fouet).

Le ralentissement des augmentations salariales se poursuit en 2021, avec des gels salariaux plus importants encore que l'année précédente. Dans son étude annuelle sur les rémunérations portant sur plus d'un million de données individuelles issues de plus de trois cents entreprises[7], le cabinet Deloitte a fait état d'une grande inertie salariale : 45 % des sondés déclarent ne pas avoir connu d'évolution de leur salaire de base, près d'un tiers (30 % précisément) voyant leur salaire augmenter de moins de 2 %. Pour récompenser et retenir les talents, les employeurs mettent plutôt l'accent sur les rémunérations variables (épargne salariale, prime « PEPA », etc.).

Avec la montée des tensions inflationnistes, la campagne 2022 des négociations annuelles obligatoires (NAO) sur les salaires était très attendue. Face à la flambée des prix de l'énergie et des matières premières, celle aussi des prix alimentaires – certes contenue par les dispositifs gouvernementaux depuis l'automne 2021 – après les efforts accomplis par les collaborateurs ayant tenu la barre contre vents et marées pendant la pandémie (et pas

7. Deloitte, Étude sur les rémunérations 2021, 10e édition, 30 août 2021.

encore récompensés), et avec les difficultés observées aussi sur le front du recrutement dans les PME de plusieurs filières, beaucoup s'attendaient à une renaissance salariale. Elle n'a pas eu lieu.

Dans la majorité des secteurs, y compris ceux en forte tension, les salaires nominaux n'ont que peu augmenté. Le bilan publié par la Banque de France sur les NAO du premier trimestre 2022 sur un panel de deux cents branches fait état d'un niveau d'augmentation moyen de +3 %[8], très en dessous de la trajectoire des prix.

La dernière enquête mondiale sur les rémunérations conduite par Willis Towers Watson confirme cette tendance, avec une hausse moyenne des rémunérations accordée par les entreprises françaises qui s'établirait à +3,1 % en 2022, soit très en dessous de l'inflation[9].

Le smic aura certes augmenté quatre fois en moins d'un an pour atteindre 1 329,06 brut mensuels au 1er août 2022, mais sans un effet d'entraînement fort dans les différentes branches. Il faut dire que, sous l'effet de ces revalorisations successives, ce sont désormais 85 % d'entre elles (146 en tout) à afficher des minima conventionnels inférieurs au salaire minimum[10]. Résultat : beaucoup de frustrations et autant de mobilisations dans les rangs syndicaux et salariés. À la veille du 1er mai 2022, le leader de la CGT, Philippe Martinez, élevait encore la voix pour appeler à la grève et exiger des augmentations de salaires, moyen plus sûr et pérenne selon lui d'augmenter le pouvoir d'achat des salariés que la « prime Macron », insuffisamment contraignante à ses yeux[11].

8. Banque de France, Les hausses de salaires négociés pour 2022 : où en est-on ? Billet n°269 signé par Erwan Gautier, 13 mai 2022.

9. Étude citée par le journal *Le Monde* in « En 2022, les salaires augmenteront moins vite que l'inflation », 1er août 2022.

10. De Comarmond Leïla, « Inflation : la tension monte sur les salaires dans les entreprises », *Les Échos*, 29 et 30 avril 2022.

11. « Avant le 1er mai, Philippe Martinez appelle le gouvernement à préférer les hausses de salaires aux aides ponctuelles », *Le Monde*, 30 avril 2022.

Mais à l'heure où nous écrivons ces lignes, les relèvements de salaires ne sont effectivement à la hauteur ni des pressions s'exerçant sur les prix, ni des attentes sociales. Certaines branches, qui ont signé des accords assez tôt dans l'année, ont négocié des hausses de salaires proches voire inférieures à +2,5 % : chimie, industrie pharmaceutique, négoce de l'ameublement, commerce en gros de viandes, prévention-sécurité, etc. L'accord de +5 % de hausse enregistrée chez Sodexo au printemps 2021 faisait encore très largement office d'exception, confirmant la règle plus générale d'une grande frilosité patronale sur les salaires...

Après la grève organisée par les quatre syndicats représentatifs de l'entreprise, les salariés de la SNCF n'obtenaient pour leur part qu'une augmentation générale de +1,4 % annoncée par la direction le 6 juillet, accompagnée d'une prime de 400 euros pour tous les agents.

Avec des hausses de salaires minimaux aussi timides dans la plupart des secteurs d'activité, les salaires réels eux perdent du terrain. Car en prenant en compte l'inflation, le salaire réel moyen accusait déjà un recul de -0,5 % au premier trimestre puis -0,4 % au second. Avant de prétendre pouvoir se redresser légèrement en fin d'année si le pic inflationniste devait être atteint, on table pour l'instant sur une baisse supplémentaire de -0,3 % entre juillet et septembre 2022.

La pression sociale, plus soutenue, suggère le lancement d'un second « round » de négociations salariales en 2022, comme chez Safran. La branche des « services automobiles » avait déjà revu à deux reprises depuis juillet 2021 la revalorisation des minima pour cette année : après une hausse initiale de +1,5 %, une révision en octobre 2021 à +2,5 %, suivie d'un nouvel ajustement à +4,5 % en avril 2022.

Si ce mouvement devait s'amplifier, cela montrerait que les négociations de branche réagissent davantage à l'inflation constatée qu'à l'inflation anticipée. Et sans doute ne toucherait-il qu'une partie des rémunérations car les études montrent que les effets d'entraînement des salaires de base liés à une augmentation du smic sont en définitive deux fois moins importants que ceux liés à une hausse des salaires minima de branche[12].

Mais pour l'instant, c'est une autre tendance qui s'affirme : plutôt que des augmentations générales de salaires, on constate une préférence des employeurs pour l'individualisation des politiques salariales, avec la recherche de compensations sous forme de versements d'avantages accessoires de type prévoyance, prime mobilité, prime « Macron », intéressement et participation. Les chefs d'entreprise, malgré un chômage qui reste bas (7,4 %), craignent désormais une reprise très heurtée du fait de la combinaison délétère de l'inflation, la guerre en Ukraine et du reconfinement en Chine, qui font remonter l'incertitude et se dégrader le climat des affaires.

Le fait est qu'avec le brutal coup de frein de la croissance mondiale au premier trimestre 2022 (recul aux États-Unis, stagnation en France et seulement +0,2 % en zone euro), le rebond économique postpandémie est largement entamé, voire compromis. Et c'est la consommation des ménages qui bat de l'aile (-1,3 % en France), compte tenu de l'envolée des prix. Avec des salaires qui ne suivent pas, le panier de dépenses courantes des particuliers se restreint. Il va sans dire que ce choc de demande ne va lui-même pas arranger les affaires des entreprises, ainsi contraintes dans leurs débouchés...

---

12. La Banque de France précise ainsi dans son billet n° 269 déjà mentionné qu'une hausse des salaires minima de branche de 1 % accroît les salaires de base d'environ 0,2 % alors qu'une hausse du smic de 1 % produit un effet en moyenne plus proche de 0,1 % sur les salaires de base (GAUTIER Erwan, ROUX Sébastien et SUAREZ-CASTILLO Milena, « How do minimum Wages affect Wage Rigidity ? », 16 décembre 2021).

Cette situation d'immobilisme salarial touche aussi les fonctionnaires. En effet, nos 5,7 millions d'agents publics ont vu leur « point d'indice », déterminant leur rémunération fixe, presque stationnaire depuis 2010, à l'exception de deux revalorisations modestes (+0,6 %) en 2016-2017, en attendant la mise en œuvre des engagements gouvernementaux en faveur d'un « dégel » des traitements à l'été 2022.

Quand dépenses contraintes et inflation grignotent le pouvoir d'achat

Le problème c'est que la modération salariale qu'on observe dans la durée n'est tolérable que si la hausse des prix reste modérée. Or, avec une inflation qui pourrait devenir « galopante », le niveau de vie des Français est désormais sérieusement menacé.

Autant au début des années 2000, les augmentations de salaires ont été le plus souvent supérieures à la hausse des prix – autorisant des gains de pouvoir d'achat annuel entre +0,5 et 1 % – autant l'année 2008 a marqué une rupture, du fait d'une hausse sensible des prix, qui a suivi les cours du pétrole.

Après un léger recul en 2009, l'inflation est remontée sur la période 2010-2012, annulant ainsi les gains de pouvoir d'achat des salariés, avant qu'une période de déflation ne lui succède entre 2013 et 2016.

Mais depuis 2017, la situation a de nouveau changé, sous l'effet d'une très forte volatilité des prix du pétrole et d'une politique monétaire expansionniste. Combinées, elles ont fait remonter l'inflation à +1,8 % tandis que le rythme de croissance des salaires a plafonné dans une fourchette de +1,2 à +1,5 %.

Les salaires nominaux ont certes repris un peu de vigueur, mais pas suffisamment pour permettre aujourd'hui aux ménages de faire face à la flambée du prix des matières premières et de l'énergie.

En 2022, les salaires réels en France pourraient connaître une croissance négative d'au moins -0,2 %.

Dans ce nouvel environnement très inflationniste et de grande volatilité des cours, la situation va encore se dégrader pour la classe moyenne et les foyers les plus modestes du fait de l'augmentation des dépenses dites contraintes (ou pré-engagées).

Ces dépenses ont fait un bond gigantesque entre l'immédiat après Seconde Guerre mondiale et aujourd'hui : elles sont ainsi passées, dans le revenu des ménages, de 12,4 % en 1951 à près de 30 % en 2017, selon l'Insee.

Les dernières années, loin d'inverser la tendance, n'ont fait que l'amplifier. Une étude menée par le comparateur lesfurets.com et CSA Research à la fin de l'année 2021[13] amène à une conclusion stupéfiante : les dépenses contraintes représentent désormais 1 059 euros par mois en moyenne, soit 35 % des revenus nets des ménages.

En cause, la plus grande difficulté des Français à se loger. Le loyer (ou le crédit immobilier) est le poste de dépenses qui a le plus augmenté au cours de la dernière décennie. Chaque mois, les Français lui consacrent en moyenne 656 euros (et même 768 euros en Ile-de-France).

Mais l'inflation des prix touche aussi d'autres catégories de dépenses comme les transports (198 euros en moyenne), le crédit à la consommation qui représente en moyenne un coût de 161 euros. C'est sur le carburant qu'on observe des tendances haussières les plus inquiétantes. En l'espace d'un an, les automobilistes ont dû y consacrer 12 euros de plus (de 96 euros en novembre 2020 à 108 euros l'année suivante à la même période). Une progression qui est loin d'être terminée...

---

13. Étude lesfurets.com et CSA Research, *Les Français et leurs dépenses contraintes : résultats d'octobre 2021*, publiée en ligne sur le site lesfurets.com en novembre 2021.

La stagnation salariale laisse donc démunis beaucoup de Français, qui sont cependant très inégaux face à cette flambée des dépenses pré-engagées. Ceux qui en pâtissent le plus sont les Franciliens (1 185 euros en moyenne), les 18-34 ans CSP+ qui se voient prélever chaque mois automatiquement 1 511 euros, soit 43 % de leurs revenus nets, alors que les retraités (ayant généralement fini de payer leur crédit immobilier ou vivant dans un logement en moyenne moins spacieux) ne doivent débourser que 840 euros, soit 26 % de leurs revenus nets.

Tableau 1 – Les dépenses contraintes des Français : trois régions où elles sont les plus élevées en 2021 (en euros courants)

	Île-de-France	**Hauts-de-France**	**Occitanie**
Logement	768	617	638
Transports	214	262	295
Crédit à la consommation	162	180	164
Poids moyen de la dépense contrainte totale	1 185 (30 %)	1 142 (35 %)	1 133 (39 %)

Sources : D'après lesfurets.com et CSA Research, novembre 2021.

La montée des dépenses contraintes creuse les écarts entre les Français, avec d'un côté ceux qui s'en sortent plutôt bien (les hauts revenus n'ont à y consacrer que 22 % de ce qu'ils gagnent) et ceux qui tirent vraiment la langue, écrasés par le poids de ces « charges », qui peut atteindre jusqu'à 68 % (896 euros) pour les ménages les plus pauvres.

Payer chaque mois sa facture d'électricité, de gaz, d'essence, son loyer ou son crédit immobilier, sa mutuelle, son forfait téléphonique, son Internet est devenu une source d'angoisse permanente pour beaucoup d'entre nous. C'est près d'un Français sur cinq (19 %) qui est à découvert au moins une fois par mois sur son compte bancaire. Dans le détail, c'est en fait presque un sur deux qui est confronté à ce problème chaque année, avec un montant de découvert qui avait atteint 246 euros en 2020 pour ne retomber qu'à 232 euros en 2021[14].

De toute évidence, les Français subissent une « double peine » : celle d'une modération salariale qui se prolonge interminablement et d'une montée de la dépense contrainte liée à l'inflation.

Ils sont donc nombreux à manger de la vache enragée tous les jours pour ne pas se mettre dans le rouge en fin de mois, car si on retranche ces fameuses dépenses contraintes (loyer, assurance, alimentation, etc.), le niveau de vie des ménages les plus pauvres se réduit drastiquement.

Ainsi, selon la DREES, les 10 % les plus modestes devaient se contenter en 2018 de seulement 180 euros par mois en moyenne pour financer transport, équipement, loisir ou habillement, alors que les 10 % les plus riches disposent en moyenne de 1 890 euros, c'est-à-dire dix fois plus[15].

Non seulement la modération salariale pénalise les plus faibles, condamnés le plus souvent à ne pas réussir à joindre les deux bouts, mais elle renforce le sentiment chez une majorité de Français que le travail ne paye pas.

Comment être sûr que le plus grand nombre supportera dans les années qui viennent une nouvelle stagnation salariale alors qu'une large majorité de nos compatriotes (57 % selon un

---

14. Étude Panorabanques relatée par le journal *Les Échos*, « Découverts bancaires : près d'un Français sur deux concerné en 2021 », 19 octobre 2021.
15. Direction de la Recherche, des Études, de l'Évaluation et des Statistiques, étude publiée en mars 2018.

sondage ADP)[16] se déclare toujours « insatisfait » ou « déçu » à réception de son bulletin de paie ?

Et comment ne pas voir dans les 14 % de Français qui vont jusqu'à évoquer dans leur réponse de la « frustration », le premier bataillon de la future armée de ceux qui prendront « la rue » pour récupérer les richesses dont ils s'estiment déjà spoliés par un système les contraignant à vivre aujourd'hui dans la pauvreté ?

Avec le quasi-blocage des salaires, si le ralentissement de l'activité économique se confirme au second semestre 2022, une première bombe à retardement est posée devant le palais de l'Élysée et l'Hôtel Matignon : les salariés pourraient avoir la tentation de se révolter de nouveau contre ce qu'ils peuvent considérer comme une atteinte à leur niveau de vie.

Une éventualité que personne ne peut écarter. Le gouvernement formé par Elisabeth Borne l'a compris très vite. Trois jours après la nomination de l'ancienne ministre du Travail à Matignon, il annonçait déjà sa volonté d'aider les Français à réduire leurs dépenses contraintes, au travers d'une « loi portant mesures d'urgence pour la protection du pouvoir d'achat ». Promulguée le 16 août 2022, elle est composée d'un éventail très large de mesures protectrices, allant d'une augmentation des prestations sociales et des pensions au plafonnement de la hausse des loyers et à la revalorisation des aides personnalisées au logement (APL) en passant par la pérennisation de la prime « Macron » et surtout des mesures visant à restaurer la souveraineté énergétique de la France face à la crainte de fermeture du robinet de gaz russe.

---

16. ADP, sondage auprès de 2 500 salariés européens, cité par Amaury Bucco, « Plus d'un Français sur dix frustré par son salaire », *Le Figaro*, 21 décembre 2018.

Quand la solidarité publique peine à compenser l'immobilisme salarial privé

Les gouvernements le savent : quand les salaires ne suivent pas la hausse des prix, dont l'accélération a été brutale, et que les dépenses contraintes des Français amputent leur pouvoir d'achat, on ne pourra plus se contenter de vagues discours pour apaiser la colère.

Le plus souvent, le réflexe de l'État est de vouloir corriger la faiblesse des revenus primaires par une redistribution *ex post* sous forme de prestations sociales.

Cette démarche est à la fois nécessaire, mais aussi extrêmement coûteuse pour les finances publiques. Surtout, elle est totalement insuffisante pour compenser les baisses de niveau de vie, particulièrement en période d'inflation galopante.

Face au choc de pouvoir d'achat (négatif) provoqué par les pressions inflationnistes (+4,5 % enregistrés en mars 2022 sur douze mois), l'État a évidemment réagi. À eux seuls les mécanismes mis en place par le gouvernement depuis l'automne 2021 pour affaiblir cet impact (ristourne de 18 centimes sur le carburant, chèque énergie, chèque inflation, prise en charge partielle des factures d'électricité et de gaz des entreprises par l'État, bouclier tarifaire...) ont permis d'absorber une part significative de l'inflation.

Pour compléter ce filet de sécurité, il a été décidé une revalorisation des aides sociales au printemps et du smic, encore réhaussé au 1er août 2022. Les prestations sociales (avec un RSA remonté à 575,32 euros ou encore une prime d'activité grimpée à 563,68 euros) ont ainsi été relevées de +1,8 % le 1er mai 2022. De son côté, le salaire minimum, augmenté pour la quatrième fois en quelques mois, a atteint 1 678,95 euros brut, soit une augmentation de +75,83 euros depuis le 1er janvier. Ces revalorisations se sont poursuivies pendant l'été (allocations chômage +2,9 % ;

RSA +4 % ; pensions de retraite +4 % ; APL +3,5 %, etc.) pour tenir compte de l'installation durable de l'inflation. Des niveaux qui ne couvrent pas entièrement la hausse des prix. D'autant que les prestations sociales avaient vu leur revalorisation se limiter à +0,3 % annuel en 2019, 2020 et 2021.

Tableau 2 – Le relèvement des aides sociales et du smic au 1er mai 2022

Prestations et rémunérations concernées	Nouveau montant
Revenu de solidarité active (RSA)	575,32 euros par mois pour une personne seule sans enfant
Prime d'activité	563,68 euros par mois pour une personne seule
Allocation de rentrée scolaire (au 1er août 2022)	De 376,98 euros pour les enfants de 6 à 10 ans et les enfants plus jeunes inscrits en CP à 397,78 euros pour les enfants entre 11-14 ans et 411,56 euros pour les 15-18 ans
Allocation adulte handicapée	919,86 euros
Ensemble des prestations sociales (%)	+1,8 %
smic	1 645,58 euros brut (1 302,63 euros net)
Évolution du salaire minimum (%)	+2,65 %

Trois défis majeurs se présentent par conséquent à nous.

D'abord, payer au moment du pic inflationniste, pas après. Car non seulement les hausses de prix sont plus fortes que les relèvements de prestations sociales, mais surtout elles arrivent un peu tard. La faute à une réforme votée sous le quinquennat de François Hollande en 2016, et qui avait prévu de revaloriser les prestations sociales en fonction de l'inflation constatée sur douze mois (hors tabac), et avec un recul de deux mois.

Auparavant, l'indexation s'effectuait sur la base d'une prévision d'inflation...

Autre enjeu : revaloriser les prestations sociales en prenant les dispositions pour que celles et ceux qui doivent en bénéficier demandent effectivement à les toucher. Or, on constate un non-recours massif aux prestations sociales dans notre pays. Pour le seul revenu de solidarité active, ce non-recours équivaudrait d'après la DREES à quelque trois milliards d'euros par an. Ce qui veut dire en pratique, qu'un tiers environ des foyers éligibles (surtout des personnes en couple, sans enfant, jeunes et diplômées) ne demandent pas à bénéficier des aides auxquelles ils peuvent prétendre. Soit qu'ils ignoraient l'existence même de ces aides, ce qui est rare (11 % des personnes concernées), soit plus majoritairement qu'ils n'y ont pas pensé. Ce qui est le cas de la moitié des allocataires potentiels.

Mais il y a un problème plus structurel encore à régler. La politique qui consiste à systématiquement vouloir substituer de la solidarité publique (*via* le versement de prestations sociales) à la solidarité privée (*via* l'augmentation des salaires par les entreprises) comporte de sérieuses limites financières.

Il est bien sûr toujours plus facile de se tourner vers l'État pour lui demander d'intervenir... tout en lui faisant observer ensuite qu'il dépense trop ! Et, en effet, les politiques sociales à elles seules représentent presque trois cinquièmes de la dépense publique nationale pour les seules prestations sociales, soit 31 % du PIB de la France en 2018.

Avec des salaires en berne, des dépenses contraintes qui grimpent en période inflationniste et des prestations sociales qui servent de variable d'ajustement, il faut oser se poser la question de l'équilibre qu'on souhaite trouver à l'avenir pour relever le niveau de vie des Français. Qu'est-ce qui relève de la solidarité publique sous la forme de versements complémentaires de prestations sociales ou d'actions visant à geler le prix de certaines dépenses ? Et qu'est-ce qui relève de la responsabilité des entreprises et des branches professionnelles dans le cadre de la négociation collective sur les rémunérations ? Faut-il, en d'autres termes, privilégier les augmentations de revenus primaires issus du travail ou se contenter de compenser leur immobilité en versant des revenus compensatoires relevant de la solidarité nationale ?

En déclarant que « tout ne doit pas reposer sur l'État » et qu'il faut que « la charge soit également répartie[17] », l'indéboulonnable ministre de l'Économie et des Finances, Bruno Le Maire a tenté à plusieurs reprises de mettre la pression sur le patronat et les filières, rappelées à leur devoir de protéger les Français contre l'inflation en augmentant les salaires.

Nommée porte-parole du gouvernement dans le premier gouvernement d'Elisabeth Borne, l'ancienne députée de Paris, Olivia Grégoire, lui avait alors emboîté le pas en remettant bien en perspective les responsabilités de chacun : « Le gouvernement n'a pas le pouvoir d'augmenter les salaires des Français en appuyant sur un bouton », devait-elle déclarer après le conseil des ministres du 23 mai 2022. Autant l'État peut déclencher la dynamique en jouant sur le montant du smic dans le privé et en revalorisant le point d'indice de la fonction publique, autant la revalorisation salariale dans le secteur marchand relève des filières et des sociétés elles-mêmes.

Alors... solidarité publique pour augmenter les revenus des Français ou solidarité privée *via* les employeurs ? Un vrai choix de société. Un arbitrage délicat, mais qu'on ne pourra pas éternellement repousser.

---

17. Propos de Bruno Le Maire rapportés in « Conforté à Bercy, Bruno Le Maire lance le chantier du pouvoir d'achat », *Les Échos*, 23 mai 2022.

Chapitre 2

Aux sources de l'austérité salariale

Geoffroy Roux de Bézieux ne se privait pas de le rappeler il y a quelques semaines encore : « [...] nous sommes entrés dans une économie d'inflation durable, avec le renchérissement des prix de l'énergie et la rareté de certaines matières premières, comme les métaux[1]. » Mais sans que le patron du Medef ajoute le moindre mot sur ce qu'on devrait en tirer comme conséquence sur les négociations salariales.

On pouvait s'y attendre, le discours est sensiblement différent du côté des organisations syndicales. À la CFDT, par exemple, les équipes de Laurent Berger proposaient déjà, au lendemain de la revalorisation du salaire minimum au 1er mai 2022, de conditionner certaines aides (comme les exonérations de charges sociales sur les bas salaires) à la réouverture des négociations salariales de branche en cas d'inflation trop élevée[2].

---

1. Interview de Geoffroy Roux de Bezieux, *Le Journal du dimanche*, 1er mai 2022.
2. Proposition relatée dans « Que peut faire l'État pour augmenter les salaires », *La Croix*, 4 mai 2022.

Le débat sur l'évolution des revenus salariaux continue ainsi de s'organiser autour d'une boussole aussi hégémonique que simplificatrice : celle du rythme de la hausse des prix. C'est à la fois compréhensible quand l'inflation galope, mais c'est aussi réducteur. Car si les salaires devraient pouvoir progresser aussi vite que les prix à la consommation, l'inflation ne doit pas être l'indicateur unique servant de base pour fixer une politique salariale.

Pourquoi ? Parce que l'inflation est très loin de fournir l'explication unique de la trajectoire des revenus du travail depuis plusieurs décennies. Bien d'autres paramètres exercent une pression forte sur les salaires. Ce sont eux qu'il nous faut examiner pour comprendre les sources de l'immobilisme salarial, qui est une constante politique et économique depuis plus de quarante ans maintenant.

La modération salariale, nouveau dogme européen ?

La divergence entre rémunération, croissance et chômage qu'on constate un peu partout sur le continent européen aujourd'hui doit interroger. Les avis divergent sur ses causes.

Pour les uns, cette limitation de la progression des salaires trouve sa genèse dans une pratique européenne, désormais quasi généralisée, et dont l'une des origines remonte à la stratégie mise en place par les dirigeants allemands au lendemain de la Réunification. Stratégie que les autres pays de la zone euro vont très largement adopter à leur tour, mais plus tardivement, pour essayer d'accélérer la sortie de crise après 2010. Stratégie, enfin, que la plupart d'entre eux n'ont toujours pas abandonnée malgré une croissance plus stable jusqu'en 2019 et une baisse du chômage qui ne se dément pas en dépit de la pandémie de Covid-19.

Les données européennes montrent ainsi clairement que l'Allemagne, à partir de 1995 et pour une période de plus de quinze années, démarre une stratégie de modération salariale à la fois inédite et de grande ampleur.

Contrairement aux idées reçues en la matière, cette option ne répond alors pas dans l'esprit de ses initiateurs à une volonté de conquête commerciale au niveau européen ou mondial, mais à la volonté de parvenir le plus rapidement possible à un rééquilibrage économique entre les deux parties de l'Allemagne réunifiée[3]. Devenu le « pompier » de ce nouvel ensemble géographique que tout oppose sur le plan économique (tout particulièrement la productivité du travail, beaucoup plus faible à l'Est), Helmut Kohl est amené, avec les gouvernements successifs, à encaisser un choc macroéconomique d'une violence sans précédent : entre 1991 et 2003, pas moins de 900 milliards seront transférés de l'Ouest vers l'Est pour recréer les conditions de l'unité économique et sociale de la nouvelle Allemagne.

Pour se remettre de l'impact budgétaire des enveloppes financières ainsi investies et faire redémarrer la machine industrielle, l'Allemagne de Gerhard Schröder procède alors à de grandes réformes de son marché du travail, avec à la clé une décentralisation des négociations salariales qui conduira à une modération salariale tant à l'Ouest qu'à l'Est.

Une stratégie qui s'avère vite payante. Dès 1997, l'Allemagne commence à regagner des parts de marché à l'export là où la France en perd. Depuis 2003, le solde commercial de la France est dans le rouge. En 2017, l'Allemagne devient la première puissance exportatrice du monde !

Les autres pays européens mettront du temps à comprendre la leçon. Et à se lancer à leur tour dans une démarche de limitation de la progression des salaires. Mais la crise financière de 2008 les rattrape et va les y contraindre.

---

3. Thèse soutenue par Xavier Ragot dans *Civiliser le capitalisme*, Fayard, 2019.

Ainsi de l'Espagne, un des pays parmi les plus touchés par la crise du fait d'une bulle immobilière considérable, et dont le taux de chômage était monté à 25 % en 2013, au plus fort de la récession. Dès l'année suivante, les augmentations de rémunération des salariés deviennent moindres que la croissance (qui atteint 3 % par an en moyenne). Cette politique de gel des salaires permet à Madrid de remonter à la surface et à l'économie espagnole de retrouver rapidement des couleurs. Le résultat est édifiant sur le plan économique : la baisse de la part des salaires atteint presque 5 % de PIB entre 2009 et 2017. Mais comme les prix restent stables, les profits des entreprises se relèvent et l'emploi se redresse à son tour, le chômage redescendant nettement pour se stabiliser autour d'une fourchette de 13-14 % aujourd'hui.

L'Italie adoptera la même approche sous le gouvernement de Matteo Renzi (2014-2016) dans le cadre du « Job Act », avec le double objectif de réduire le coût du travail et de décentraliser la négociation salariale. Le succès est bien moindre au regard de la trajectoire salariale de l'économie italienne, et les élections en 2018 portent au pouvoir une coalition aussi hétéroclite dans sa composition qu'hétérodoxe et en rupture dans sa politique économique et budgétaire.

L'économie française n'échappera pas elle-même à cette inspiration économique allemande dont le souffle puissant s'est propagé dans toute la zone euro. Ayant déjà pratiqué la modération salariale de 1983 à 1989 sous les septennats de François Mitterrand – ses opposants avaient alors parlé de « politique de la rigueur » là où ses thuriféraires la qualifiaient de « désinflation compétitive » – les dirigeants politiques prennent de nouveau conscience dans la seconde partie des années 2000 du retard de notre économie en matière de compétitivité, tandis que des inquiétudes se font jour sur le front de l'emploi. Sous l'effet de la crise, la priorité pour l'emploi prend le pas plus nettement sur celle des rémunérations. Et comme les gains de productivité stagnent (pour ne pas dépasser +0,8 % ces dernières années), la progression des rémunérations accuse le coup.

Sous le quinquennat de François Hollande (2012-2017), la baisse du coût du travail est décidée. Elle sera réalisée non seulement par le gel du point d'indice des fonctionnaires – là où les Espagnols étaient allés jusqu'à baisser leur salaire de 5 % en 2010 – mais surtout par un nouveau mécanisme fiscal, le CICE (crédit d'impôt compétitivité emploi), dont la conséquence est de réduire les charges sociales sur les salaires pour les basculer sur d'autres impôts, comme la TVA et la fiscalité écologique.

Pour autant, les commentateurs les plus libéraux, comme Patrick Artus de Natixis, font observer que le salaire réel dans notre pays augmente plus vite depuis 2008 que la productivité du travail, ce qui continue de mettre en danger la compétitivité-coût de l'économie française, surtout dans un environnement concurrentiel renforcé, marqué par la prédominance de la logique de modération salariale, tout particulièrement en Allemagne et en Espagne.

La politique de modération salariale a gagné du terrain un peu partout en Europe. Le plus surprenant, c'est qu'elle a été décidée par des partis de gauche – *a priori* favorables à l'augmentation des salaires – tant en France qu'en Italie, alors que certains partis conservateurs – en Allemagne et au Royaume-Uni – sont en train pour leur part de lâcher du lest sur le salaire minimum. Preuve que les clivages politiques en matière de formation des salaires ont déjà commencé à exploser.

Mais on peut aussi voir les choses avec une plus grande profondeur historique. Ainsi, la croissance du salaire réel étant inférieure à celle des gains de productivité depuis la fin des années 1970 dans la plupart des pays occidentaux, pointer exclusivement la responsabilité allemande est trop simplificateur.

Je suis de ceux qui pensent que la modération salariale n'est pas uniquement un « accident » de l'Histoire né dans une Allemagne qui cherche à absorber au plus vite le choc de la Réunification.

Elle est aussi le résultat de choix économiques délibérés et assumés. Comment ce basculement s'est-il vraiment opéré, quand et pourquoi ?

En 1939, John Maynard Keynes considérait comme une « sorte de miracle » (*a bit of miracle*) la stabilité qu'on peut observer à long terme s'agissant de la part des salaires, sans pouvoir vraiment l'expliquer.

Plus de quatre-vingts ans plus tard, ce qui frappe l'esprit, c'est plutôt l'absence de certitude sur le poids respectif des facteurs à l'origine de la dégradation de la part salariale dans la valeur ajoutée dans plusieurs grands pays occidentaux.

À vrai dire, le nombre de « suspects » conviés à l'élucidation de l'homicide perpétré contre la rémunération du travail est particulièrement élevé. Le plus souvent, les experts mettent en avant pêle-mêle les nouvelles technologies, les politiques de rigueur salariale et de déréglementation du marché du travail, et bien sûr la montée du chômage. Ou encore la pression concurrentielle exercée par les pays à bas coûts depuis la mondialisation, sans négliger le rôle de la globalisation financière.

Quelle explication retenir plutôt qu'une autre ?

Cela n'aurait guère de sens de le contester : les différentes vagues de progrès technologiques favorisent une baisse du prix relatif des investissements physiques (machines), de nature à encourager les initiatives de substitution du capital au travail.

L'hypothèse d'une responsabilité de la modification des structures productives, avec un déplacement progressif de l'activité vers des secteurs caractérisés par une part salariale inférieure, est en revanche jugée moins convaincante par certains experts[4]. Mais, dans les faits, la tertiarisation de l'économie pénalise effectivement la productivité, ce qui peut avoir des incidences sur la rémunération du travail.

---

4. ASKENAZY Philippe, « Vers une théorie du partage de la valeur ajoutée ? », *Insee.fr*, 10 janvier 2006.

Au tournant des années 2000, une décision politique forte, le passage aux 35 heures, va aussi durablement peser sur les salaires. Bien que rarement reconnue, la réduction hebdomadaire du temps de travail débouche *in fine* sur une forme de « troc » entre la durée du travail (qu'on réduit) et la progression salariale (qu'on rabote).

Mais pour rendre compte de manière plus globale des déterminants centraux de la baisse de la part salariale, ce sont les changements de paradigme intervenus dans le modèle capitaliste depuis bientôt cinq décennies qu'il faut interroger.

Malgré les critiques récurrentes dont il faisait déjà l'objet (« injuste », « inefficace », etc.), le capitalisme a joui d'une indéniable stabilité à l'époque du compromis fordiste, lequel a prévalu depuis la fin de la Seconde Guerre mondiale jusqu'aux années 1970. Pendant toute cette période, le nouveau régime de croissance en place reposait alors sur plusieurs piliers solides, dont un rapport salarial caractérisé par un niveau de consensus et d'adhésion très élevé.

Quel était le secret de cette potion magique salariale des « Trente Glorieuses » ? Un principe simple et efficace : l'organisation du partage des gains de productivité, alors très dynamiques, entre le capital et le travail. Le compromis entre patronat et syndicat, une fois scellé au niveau des branches et des entreprises, donnait lieu régulièrement à des hausses très importantes de salaires.

Pendant plus de vingt-cinq ans, la croissance a pu ainsi compter sur la progression de la demande (elle-même encouragée par le recours à des politiques budgétaires et sociales actives à l'ère de l'État-providence) ainsi que sur la progression régulière du pouvoir d'achat des salaires, favorisée par leur double indexation sur les gains de productivité et sur les prix.

Le « hic », c'est que ce régime de croissance s'est essoufflé à partir des années 1970 sous l'effet du ralentissement de l'activité, de la montée de l'inflation (chocs pétroliers de 1973 et 1979), mais aussi d'une décélération des gains de productivité, culminante aujourd'hui.

Avec la montée en puissance d'un « capitalisme actionnarial », qui succède au modèle fordiste, la donne salariale est complètement rebattue. Caractérisé par la « suprématie du capital financier dans la conduite des sociétés cotées[5] », le nouveau système de régulation macroéconomique fait prospérer la finance de marché et suscite l'installation d'une nouvelle gouvernance d'entreprise. Celle-ci se traduit par une reconfiguration des relations entre actionnaires (dont le poids grossit au point qu'on parle désormais de « souveraineté actionnariale »), administrateurs et dirigeants, avec à la clé un nouveau système de partage des richesses au sein des entreprises.

Cette nouvelle forme de capitalisme ne joue évidemment pas en faveur des revenus du travail dans la valeur ajoutée et explique le redressement spectaculaire de la part des profits. Entre 1980 et 2015, la part des profits dans la valeur ajoutée augmente de +7 points aux États-Unis et jusqu'à +19 points en Europe[6].

Dans cette nouvelle configuration, le partage des profits est lui-même affecté et modifié en faveur des actionnaires (versement des dividendes, rachat d'actions). Une dynamique qui s'est faite assez largement au détriment de l'investissement jusqu'à la première partie de la décennie 2010 en France, ce qui explique en partie la persistance d'un chômage élevé jusqu'à la période récente.

Symbole de ces évolutions, le CAC40 verse 69,4 milliards d'euros aux actionnaires en 2021, un niveau qui explose et semble dépasser un simple rattrapage après les 36 milliards distribués un an plus tôt, en pleine année de pandémie.

C'est pourquoi, le capitalisme actionnarial pose plusieurs problèmes dans sa phase actuelle : d'abord, il modifie les priorités

5. Reberioux Antoine, « D'un capitalisme managérial à un capitalisme actionnarial ? in Comprendre le capitalisme », *Problèmes économiques*, hors-série, n°5, mars 2014.

6. Piton Sophie, *Comment expliquer la déformation du partage de la valeur ajoutée depuis 30 ans ?*, École normale supérieure de Lyon, 28 septembre 2018.

dans la conduite de l'entreprise, ce qui aboutit à faire de la flexibilité de la masse salariale un dogme dangereux, tout particulièrement si les pratiques des employeurs devaient aller au-delà des ajustements strictement nécessaires.

Mais il a un second effet pervers : la baisse relative des salaires qui résulte de son paradigme financier, plutôt que d'alimenter une boucle vertueuse mobilisant le redressement des marges au service de l'investissement et *in fine* de l'emploi, a tendance à alimenter plutôt une forte montée des dividendes distribués aux actionnaires[7], elle-même associée au changement du mode de financement des entreprises.

Un partage de la valeur qui défavorise les salariés sur le long terme

La nouvelle répartition de la valeur induite par le capitalisme actionnarial, en exerçant une pression à la hausse sur la rémunération des actionnaires, expose au risque de faire de la rémunération du travail une simple variable d'ajustement. Une logique qui se défend pour redresser les résultats des entreprises, mais qui pose de vraies questions sur l'éthique de la répartition autant que sur son efficacité économique.

Attardons-nous quelques instants sur cette question essentielle du partage de la valeur, qui permet d'apprécier l'évolution des salaires non pas en référence à elle-même seulement dans le temps, mais en comparant la part des profits revenant aux salariés par rapport à celle captée par les actionnaires.

Aussi loin que remonte l'avènement du capitalisme, il faut se souvenir que ses détracteurs ont toujours fait valoir qu'il était et demeurerait à jamais un système inégalitaire. Si on le définit

7. Plihon Dominique, *Le nouveau capitalisme*, Collection « Repères », La Découverte, 2018.

comme un mode de production constitué à la fois d'un rapport monétaire marchand et d'un rapport salarial, le « capitalisme industriel » est soupçonné dès ses débuts par Karl Marx (1818-1883) de provoquer une accumulation des richesses entre les mains de quelques-uns – les détenteurs du capital – au détriment de ceux qui par leur travail font pourtant tourner les usines : les salariés.

C'est à l'aune de la répartition de la richesse créée par l'entreprise que l'économiste allemand et ses disciples jusqu'à nos jours vont mesurer l'inégalité présumée et dénoncer la violence infligée aux travailleurs.

Dans le viseur, l'injustice perçue d'un système où les travailleurs, pourtant principale source de richesse, sont « exploités » car percevant une rémunération qui serait inférieure à la richesse qu'ils produisent, dégageant ainsi une « plus-value » captée par les capitalistes.

Les bases de l'analyse du partage des revenus sont posées dès cette époque. D'un côté, ceux qui considèrent avec les classiques autour de Jean-Baptiste Say[8] que la loi du marché détermine la formation du salaire ; de l'autre la vision marxiste affirmant que c'est au contraire le rapport de force entre le capitaliste, qui prélève la plus-value, et les syndicats, qui aboutit *in fine* à un partage entre profit et salaires.

Deux siècles plus tard, j'observe que rien n'a fondamentalement changé : la bataille pour la répartition de la fameuse « valeur ajoutée » fait toujours l'objet d'âpres et interminables discussions.

Or, l'équation est tout sauf simple à résoudre : comment distribuer de manière équitable cette richesse ainsi créée entre tous ceux qui peuvent prétendre toucher leur part du gâteau ?

Les prétendants à la dégustation sont nombreux : les actionnaires, l'entreprise elle-même, les collaborateurs (salariés et dirigeants), mais aussi les créanciers et l'État.

---

8. Say Jean-Baptiste, *Traité d'économie politique*, 1803.

Côté salarié, l'enjeu est considérable. Non seulement la part de revenus affectée au travail détermine une grande partie de son niveau de vie, mais aussi l'idée qu'il est en droit de se faire de la reconnaissance qui est accordée à sa contribution quotidienne à la création de richesse.

Un sujet d'autant plus sensible qu'en 2019, seuls 37 % des salariés français interrogés par Korn Ferry éprouvaient le sentiment d'être payés de façon juste pour le travail accompli (contre près d'un salarié sur deux au niveau mondial)[9] et que le nombre de départs volontaires est en très nette augmentation au cours des derniers mois[10] : au quatrième trimestre 2021, le nombre de démissions et de ruptures conventionnelles correspondait à 2,4 % de l'emploi salarié privé, soit le niveau le plus élevé enregistré, s'agissant des démissions trimestrielles, depuis la création de la série en 2007.

Si une part trop élevée de la valeur devait être accaparée par l'actionnaire, les salariés pourraient à tout moment rappeler les prophéties de l'auteur du *Capital* et expliquer de nouveau qu'ils sont « ravalés au rang de marchandise » et se sentir finalement floués.

À l'inverse, si l'on devait constater une montée en puissance trop forte de la part des revenus du travail au détriment de ceux provenant du capital, d'autres pourraient dénoncer à juste titre l'injustice qu'il y aurait à priver les entrepreneurs du dividende des risques qu'ils prennent.

Un débat forcément houleux et interminable parce que poussant aux caricatures : désavantager le salarié peut conduire à assimiler la « société de marché » à la « fabrique du diable » contre laquelle le grand historien hongrois Karl Polanyi (1886-1964)

9. Cabinet Korn Ferry, Étude sur la perception des salariés français sur leur travail, avril 2019.
10. La DARES indique qu'au troisième trimestre 2021 le nombre de départs volontaires a dépassé celui d'avant la crise avec 445 000 départs, soit +14,1% par rapport au troisième trimestre 2019.

avait recommandé de « protéger la société[11] ». Pénaliser le capital, d'un autre côté, serait aussi le plus sûr moyen de décourager l'initiative entrepreneuriale et capitalistique, et derrière elle la dynamique d'investissement et d'innovation, si indispensables à la création de richesses au bénéfice du plus grand nombre…

Entre ces deux excès, quel chemin a pris effectivement le capitalisme contemporain depuis un demi-siècle ?

On assiste depuis bientôt quarante ans à une déformation continue de la répartition des revenus au détriment du travail dans les pays de l'OCDE. Concrètement, depuis le début des années 1980, la part de la valeur ajoutée distribuée aux salariés (traitements + salaires + cotisations sociales) ne cesse de reculer pour passer de 68 % en début de période à 60 % actuellement en Europe. Ce recul est encore plus fort aux États-Unis.

La baisse est très forte sur le continent de 1980 à 2000. Puis, on enregistre dans la période suivante une stagnation de la part salariale, avant un léger rebond durant les premières années de la crise financières (2008-2009). À partir de 2010, la part des salaires se réduit de nouveau à peu près partout.

Cette évolution de la part du travail dans la valeur ajoutée est préoccupante, car elle touche à peu près tous les pays avancés, avec seulement des différences d'intensité.

L'économie française est-elle concernée par ces évolutions ? Si on raisonne sur longue période (1980-2016), on arrive bien à la conclusion que la France n'est absolument pas épargnée par ce phénomène, puisque la part salariale y accuse un repli – comme en Allemagne – d'environ trois points tous les dix ans en moyenne depuis 1980[12].

---

11. Polanyi Karl, *La Grande Transformation : Aux origines politiques et économiques de notre temps*, Gallimard, 1944.

12. Piton Sophie et Vatan Antoine, « Comment expliquer la déformation du partage de la valeur ajoutée depuis 30 ans ? », *CEPII Le blog*, 12 novembre 2018.

D'autres études relativisent cette pente baissière[13] en raisonnant sur une période nettement raccourcie (1994-2015 pour la direction générale du Trésor) ou plus longue (1970-2009), cette dernière option ayant été retenue par les partenaires sociaux dans leur enquête publiée début 2019.

Ces choix ont pour but de relativiser le poids de la décennie 1980 dans l'analyse compte tenu du fait que cette période est marquée à la fois par la fin de l'indexation des salaires sur les prix, avec l'émergence de la politique de modération salariale, et un creux des taux de marge.

Cela ne doit cependant pas masquer les inquiétudes qu'on peut avoir sur longue période, car la part du travail dans la valeur ajoutée est restée au mieux « quasi-stable » dans notre pays sur la période étudiée (+0,6 %) sur vingt ans, entre 1994 et 2015. Une conclusion que partagent également les partenaires sociaux, qui se réfugient derrière de profonds doutes méthodologiques, pour conclure finalement à une « relative stabilité du partage de la valeur ajoutée entre ses bénéficiaires entre 1970 et 2009 ».

Le seul pays européen à s'écarter nettement de la propension au déclin de la part salariale, quelles que soient les études, n'est autre que le Royaume-Uni.

À Londres, la part salariale a gagné +1 point tous les dix ans depuis 1980 selon le CEPII, une progression encore plus nette sur la période plus récente couvrant 1994-2015 où elle atteindrait +4,6 % en valeur selon la DG Trésor.

Un résultat contre-intuitif qui s'explique semble-t-il à la fois par le dynamisme des salaires outre-Manche, tout particulièrement sur la période 1995-2001 et celui de l'emploi, mais aussi par une affectation prioritaire des surplus distribuables aux revenus du travail plutôt qu'à ceux du capital.

---

13. « L'évolution de la part du travail dans la valeur ajoutée dans les pays avancés », *Trésor Éco*, n°23417 janvier 2019 ; étude menée par les partenaires sociaux, Partage de la valeur ajoutée, mars 2019.

Dit autrement, dans presque tous les pays avancés, le partage de la valeur s'est déplacé en faveur des profits et donc au détriment des rémunérations salariales (et des transferts sociaux). Même si on observe une remontée limitée de la part de la rémunération du travail à la suite de la crise financière, également visible dans plusieurs pays européens (Autriche, Belgique, Allemagne, Italie, Pays-Bas), reste qu'elle n'efface pas une tendance de long terme à la déformation du partage de la valeur ajoutée en défaveur des salariés. Cette tendance est particulièrement marquée de 1970 à 1994, mais n'est pas fondamentalement remise en question par les données relatives à la période la plus récente.

Évolution de la part salariale dans la valeur ajoutée (France, 1973-2016)

1973-1982 : l'augmentation des salaires est supérieure à l'augmentation de la valeur ajoutée créée. Indexation des salaires sur forte augmentation des prix (chocs pétroliers). Forte baisse des marges dans la valeur ajoutée.

1983-1989 : modération salariale. Baisse de la part des salaires bruts et cotisations employeurs et remontée rapide des taux de marge.

1990-2007 : relative stabilité de la part salariale. La part des salaires bruts et cotisations employeurs atteint un niveau historiquement bas, qui ne bénéficie pas pour autant à la marge brute.

2008-2014 : la hausse des salaires versée est supérieure à la croissance de la V.A. C'est moins le fait d'une augmentation des salaires individuels que d'une évolution de l'emploi moins défavorable que celle de l'activité économique. Baisse des taux de marge, du fait de la crise.

Depuis 2015 : quasi-stabilité de la part salariale. Redressement des taux de marge.

Source : D'après « partage de la valeur ajoutée », partenaires sociaux, mars 2019.

Une fois distribuée les richesses à l'ensemble des autres parties prenantes, la part qui revient aux salariés (en incluant salaires et cotisations sociales employeurs) dans la valeur ajoutée des sociétés non financières plafonne à 66,1 % en France pour l'année 2018.

Les raisons à l'origine d'une de cette déflation de la part salariale sur longue période sont multiples. L'exigence de rentabilité du capital a vraisemblablement poussé les entreprises à opter pour un contrôle drastique des salaires. Mais, encore une fois, d'autres facteurs ont pesé dans cette évolution.

Une réaction contre l'excès (perçu) de pouvoir des syndicats a pu par exemple jouer, notamment après les grandes grèves de 1978-1979 qui amènent Margaret Thatcher au pouvoir au Royaume-Uni.

Les atteintes à la libre-concurrence dans plusieurs secteurs pèsent encore aujourd'hui également sur le niveau des salaires. On sait bien qu'un lien négatif peut être fait entre le niveau de concentration dans les entreprises sur le marché du travail et les rémunérations des salariés.

D'autres facteurs déterminants, comme l'évolution de la structure des emplois, contraignent aussi les salaires. Je l'ai dit. La désindustrialisation et, corrélativement, la montée des activités de services domestiques avec son lot d'emplois peu qualifiés (restauration, hôtellerie, distribution, services à la personne...) exercent une pression à la baisse sur les salaires. La progression des rémunérations dans ces secteurs reste d'autant plus limitée que les entreprises de services sont généralement de taille réduite, avec parfois moins de dix salariés, ce qui réduit d'autant le pouvoir de négociation avec un Comité social et économique (CSE) obligatoire seulement au-dessus de cette taille depuis le 1er janvier 2020.

Les forces en faveur de l'austérité salariale semblent peser plus fort que celles qui s'exercent en faveur d'un redressement de la trajectoire des revenus du travail.

C'est vrai qu'à très court terme, l'inflation jointe aux tensions de main-d'œuvre sur le marché du travail peut pousser les salaires vers le haut. Mais, jusqu'à présent, le rattrapage salarial lié à la hausse générale des prix est resté modeste. Et en dehors des filières technologiques où la rareté des effectifs disponibles fait un peu monter les enchères salariales (comme dans le numérique), le travail continue d'être moins bien payé que le capital.

J'ajoute que le quasi-immobilisme salarial qui sévit dans une grande partie de l'économie répond à des données structurelles dont l'inversion peine à se dessiner : baisse tendancielle des gains de productivité, dérives du capitalisme actionnarial (favorisant les dividendes et la montée très forte de la rémunération des hauts dirigeants), baisse tendancielle de la durée du travail...

Je ne veux pas croire pour autant que « l'asymétrie fondamentale entre capitalistes et salariés[14] » est aussi indépassable que le pointait du doigt l'économiste Michal Kalecki en 1939, comme le yin s'oppose au yang. Je ne crois pas non plus que notre pays doit se résoudre à croire qu'on ne peut inverser le cours des choses ni éradiquer le déterminisme qui voudrait que d'un côté les détenteurs du capital décident (seuls) de l'investissement et du niveau de production et que, de l'autre, les salariés doivent se contenter, sans broncher, de subir ces choix. Quitte à n'avoir plus qu'à se plier aux postes et salaires qu'on leur impose...

Rien n'est jamais gravé dans le marbre. Ce sont les hommes et les femmes qui font l'Histoire et non l'Histoire qui s'impose à eux contre leur liberté. L'affrontement des idées et les conflits sociaux seuls, par leur nature, leur intensité, déterminent siècle

14. Kalecki Michał, *Essays in the Theory of Economic Fluctuations*, Farrar & Rinehart, 1939.

après siècle le modèle politique mais aussi les règles du jeu économique et de la vie au travail avec lesquels nous décidons collectivement d'évoluer.

Parce qu'il est la principale source de revenus pour les ménages, le salaire, pris en tenaille entre le marché et les rapports de force entre actionnaires, dirigeants et salariés n'échappera pas à cette loi.

Chapitre 3

Ruissellement salarial incertain

Avec la montée des dépenses contraintes et l'impossibilité de compenser intégralement l'inflation par des transferts sociaux à due proportion, l'austérité salariale rogne sur le pouvoir d'achat des Français.

Mais ce ne sont pas là les seules conséquences de la faible progression des revenus issus du travail. Celle-ci opère aussi comme une lame de fond bien plus puissante, qui transperce le contrat social de plein fouet quand l'immobilisme salarial touche d'abord les plus fragiles tandis que d'autres échappent à ce sort pour, au contraire, accaparer une part toujours plus importante des richesses.

La publication de la dernière livraison du « rapport sur les inégalités mondiales 2022 » par le World Inequality Lab[1] a ainsi fait l'effet d'une bombe en révélant que les dernières années avaient encore amplifié les disparités entre les plus riches et les plus pauvres : ceux qui appartiennent aux 50 % de revenus les plus bas gagnent seulement 2 800 euros par an l'an

1. World Inequality Lab, « Rapport sur les inégalités mondiales 2022 », décembre 2021.

dernier et les individus appartenant au groupe des 10 % des plus hauts revenus, touchant en moyenne vingt-et-une fois plus, soit 82 700 euros.

Au moment où les milliardaires français ont vu leur patrimoine augmenter de plus de 150 milliards d'euros entre janvier 2020 et janvier 2021 malgré la pandémie, notre pays ne peut pas échapper à des questionnements de fond à la fois sur l'étendue des inégalités et leur impact sur le sort des plus bas revenus.

Ces questions sont au fond de deux sortes : faut-il s'inquiéter de l'accentuation des inégalités de revenus qu'on constate en France depuis presque quarante ans ? Que vaut, ensuite, la théorie du « ruissellement » selon laquelle la fortune des plus privilégiés finirait par profiter au plus grand nombre au sein de la société ?

La France n'échappe pas à la remontée des inégalités de revenus

Contrairement à ce qu'on pourrait imaginer de prime abord, ce n'est pas aux États-Unis que les inégalités de salaires ont été historiquement les plus élevées, mais dans le pays qui s'est revendiqué dès 1789 comme étant celui de « l'égalité » : la France.

Thomas Piketty a eu l'occasion de souligner ce fait dérangeant pour notre confort moral et intellectuel qui veut que « l'inégalité des salaires français était la plus élevée du monde occidental en 1970[2] ». La donne a changé depuis lors.

Avec la redistribution des revenus des catégories les plus modestes vers les plus favorisées depuis le début des années 1980 (effondrement du salaire minimum fédéral, baisse de l'impôt des

2. Piketty Thomas, *L'économie des inégalités*, Collection « Repères », La Découverte, janvier 2015.

plus fortunés, baisse du pouvoir des syndicats, renchérissement du coût d'accès aux universités publiques...) du côté américain, la situation s'est inversée. Emmanuel Saez et Gabriel Zucman ont ainsi montré que le revenu moyen des 50 % les plus modestes est aujourd'hui inférieur de 2 000 dollars par an aux États-Unis par rapport à la France, alors que c'était l'inverse quarante ans plus tôt[3].

C'est plutôt une bonne nouvelle pour les actifs français : depuis Ronald Reagan et François Mitterrand, le revenu des classes populaires a stagné de l'autre côté de l'Atlantique, quand il a augmenté dans l'hexagone.

La France fait partie avec quelques pays scandinaves (Danemark, Finlande, Suède) des nations où les inégalités de revenus primaires sont parmi les plus faibles. Le fait le plus frappant est surtout le meilleur équilibre des revenus disponibles (après impôts et transferts) dans ces cinq pays, grâce principalement au maintien d'un système étendu mais particulièrement coûteux de protection sociale et d'interventions égalisatrices de l'État, dont personne ne sait assurément s'ils pourront résister au défi du vieillissement démographique...

Sur une période plus longue, l'amplitude des inégalités dans notre pays a considérablement fluctué.

Sous l'Ancien Régime, les injustices flagrantes de la fiscalité expliquaient très largement la répartition inique des revenus en France. La noblesse, par exemple, possédait 25 % des terres, mais n'était pas assujettie au principal impôt de l'époque : la taille. Les impôts directs étaient presque entièrement supportés par la bourgeoisie et la paysannerie.

Plus près de nous, les évolutions dans la répartition des revenus ont connu de profondes transformations depuis le début du

3. SAEZ Emmanuel et ZUCMAN Gabriel, *Le triomphe de l'injustice*, Points Essais, août 2021.

XXe siècle. Les Français vivent aujourd'hui avec des moyens incomparablement plus élevés que leurs aïeuls de 1900 : le revenu moyen est passé de 5 500 euros par adulte à cette époque à 37 200 euros aujourd'hui, soit une multiplication par sept environ.

Dans une première étape[4], c'est d'abord les deux guerres mondiales qui ont contribué à la réduction des inégalités, la part des revenus des 10 % les plus aisés subissant une chute brutale pendant la période 1914-1945.

Toutefois, les plus favorisés parviennent pendant les deux décennies suivant le second conflit mondial (1945-1968) à reconstituer leur avantage, grâce à une augmentation de la part du capital dans l'économie.

Les événements de mai 1968 bouleversent de nouveau les choses, avec un retour à une situation plus égalitaire comme celle qui prévalait dans l'immédiat après-guerre. Entre 1968 et 1983, le pouvoir d'achat de la population la plus modeste progresse ainsi plus vite que le PIB, qui connait lui-même une hausse de 30 %. Une trajectoire confortable qui commence à donner des signes de faiblesse au début de la décennie 1980. Le tournant, c'est incontestablement la fin de l'indexation des salaires sur les prix, lors du premier quinquennat de François Mitterrand, avec comme effet un ralentissement du taux de croissance des salaires. On parlera alors de « politique de rigueur ».

Une « rigueur » qui ne vaut pas vraiment pour les actifs situés au sommet de l'échelle des revenus. Depuis 1983, en moyenne, les 0,1 % les plus riches verront leurs revenus augmenter de +2,2 % par an, et même de +2,9 % pour les 0,001 % d'entre eux.

---

4. Une présentation très complète de l'évolution des inégalités de revenus entre le début du XXe siècle et aujourd'hui en France est faite par Lucas Chancel, auteur de « Richesse », in *La société qui vient*, sous la direction de Didier Fassin, Seuil, janvier 2022.

La part des revenus attribuée au décile supérieur va connaître une augmentation considérable entre 1983 et 2007 et reste confortable ensuite, avec une part de revenus fluctuant entre 10 % et 12 %.

Cette dynamique de creusement des inégalités est encore plus forte pour le patrimoine que pour les revenus. Les 10 % des patrimoines les plus élevés atteignaient 85 % au début du XIXe siècle, pour reculer ensuite jusqu'à 70 % dans les années 1960, avec un creux observé à 50 % en 1983. Depuis lors, les écarts se creusent de nouveau bien que de manière moins spectaculaire (55 % aujourd'hui).

La période la plus récente, avec la pandémie de Covid-19, a eu encore tendance à élargir le fossé entre les ménages les moins favorisés, dont les revenus (et le patrimoine) ont reculé en 2020 pendant que la richesse et l'épargne des mieux lotis continuaient de s'élever.

La question du juste niveau d'inégalité dans une société ne comporte pas de réponse absolue. Les Révolutionnaires de 1789 avaient tenté d'encadrer une première fois le débat en précisant ce qu'était à leurs yeux un niveau acceptable d'inégalités de richesse ; ils précisaient que « les distinctions sociales ne peuvent être fondées que sur l'utilité commune » (article 1 de la Déclaration des droits de l'homme et du citoyen).

On pourrait aussi défendre, pour borner la limite haute des niveaux de revenus et de richesse, que la croissance des inégalités n'est « soutenable » que jusqu'à ce qu'elle ait pour conséquence d'aggraver le niveau de pauvreté d'une population. Car la vraie injustice sociale, une fois reconnu le mérite de ceux qui gagnent très bien leur vie grâce à leur travail, c'est la pauvreté. La croissance des richesses ne devrait, dans cette perspective, être admise que lorsqu'elle contribue même à réduire le niveau de pauvreté, cet objectif pouvant lui être assigné au niveau de la société comme jumeau symétrique du principe d'une plus juste répartition des profits au sein de l'entreprise.

Au-delà de cette limite qui présente l'intérêt de reconnaître à sa juste valeur le principe méritocratique tout en veillant à ce que la création de valeur profite au plus grand nombre, l'application de taux d'imposition marginal aux plus hauts revenus est toujours possible. Les États-Unis l'ont historiquement pratiqué, allant jusqu'à élever le taux marginal d'imposition du revenu jusqu'à 90 % entre 1951 et 1963. Avec un certain succès en termes de réduction des inégalités de revenus et sans spécialement affecter la croissance.

L'historien des inégalités, Walter Scheidel, précise d'ailleurs dans sa grande fresque sur le sujet que, sur une très longue période, il a été constaté « qu'une baisse des inégalités de revenu disponible entraînait non seulement une croissance plus rapide, mais aussi des périodes de croissance plus longues[5] » et conclut fermement que « les inégalités semblent être particulièrement préjudiciables à la croissance des économies développées ». Même si l'effet des inégalités sur la croissance économique reste difficile à déterminer précisément et que les études restent souvent contradictoires sur le sujet, notons tout de même celle de l'OCDE indiquant que l'augmentation des inégalités de revenus dans dix-neuf pays de l'Organisation entre 1985 et 2005 a réduit la croissance cumulée moyenne de 4,7 points de pourcentage entre 1990 et 2010[6].

Si la réduction des inégalités de revenus est ainsi censée être à l'avantage de tous, puisqu'elle servirait la croissance et l'emploi, peut-on estimer aussi que plus la population la plus riche s'enrichit et plus le sort et le revenu des catégories populaires peut espérer augmenter par un effet de « ruissellement » ?

---

5. SCHEIDEL Walter, *Une histoire des inégalités de l'âge de pierre au XXIe siècle*, Actes Sud, janvier 2021.
6. OCDE, *Tous concernés : Pourquoi moins d'inégalité profite à tous*, 13 novembre 2015.

Le « ruissellement » des hauts revenus n'arrive pas jusqu'aux classes populaires

Aux antipodes de la position radicale du révolutionnaire Joseph Le Bon à qui l'on prête une formule toute robespierriste ordonnant de « faire tomber les têtes des riches reconnus coupables », une autre position (naïve bien que moins outrancière) consiste à soutenir que plus la fortune des catégories davantage privilégiées s'étend et plus – les grands ruisseaux faisant ainsi les petites rivières (et non l'inverse pour une fois) – elle aurait de chance de profiter à tous.

Bien que de bonne volonté, je ne parviens pas à voir que cet axiome se vérifierait dans les dernières décennies au sein de la société française.

L'enrichissement supplémentaire des catégories les mieux loties sur la période récente ne semble pas avoir créé un effet d'entraînement des autres revenus. Bien sûr, à côté des salaires des hauts dirigeants qui ont continué de progresser nettement et de dividendes toujours plus confortables, quelques dizaines de cadres des comités exécutifs et un peu au-delà dans les grands groupes ont vu leurs rémunérations progresser. C'est vrai. Mais l'écart entre les plus bas revenus et ceux du haut de l'échelle a continué, lui, à s'étirer.

Que s'est-il exactement passé au cours des trente dernières années à ce sujet ?

Entre 1990 et la crise financière qui éclate en 2008, la part des hauts salaires dans la masse salariale globale augmente fortement. La période 1996-2006 est marquée par une quasi-confiscation des gains salariaux par la couche la plus aisée des salariés. Un constat qui traverse alors le rapport Cotis[7], lequel

---

7. Cotis Jean-Philippe, *Partage de la valeur ajoutée, partage des profits et écarts de rémunérations en France*, rapport au président de la République, 13 mai 2009.

fait état – sur la période – d'une augmentation annuelle moyenne (en euros constants) du salaire brut des 10 % de salariés les mieux payés de +0,6 % contre +1,1 % pour les 1 % de salariés les mieux payés.

Malheureusement, la période la plus récente ne marque pas un tournant ni même un fléchissement de cette tendance. En sortie de crise financière (2013-2014), c'est principalement au-dessus du salaire médian (1 783 euros à cette époque) qu'on observe les progressions salariales les plus nettes.

En dessous du salaire médian, la progression de la rémunération n'est pas inexistante, mais elle est beaucoup plus faible. Point de doute possible, y compris pour les partenaires sociaux qui l'admettent dans le rapport sur le partage de la valeur ajoutée il y a trois ans : les inégalités ont, selon eux, continué en 2014 à prendre de l'ampleur au profit des mieux rémunérés.

Sur vingt ans, le creusement des inégalités est encore plus flagrant : entre 1995 et 2015, selon l'Insee, les salaires nominaux des cadres ont augmenté de +89 % sur la période, contre seulement +52 % pour les ouvriers, les plus mal lotis étant les professions intermédiaires, avec une progression limitée à +34 %.

Aucun hasard à cela : avec une compétition économique exacerbée et des tensions sur le marché du travail, ce sont les fonctions les plus recherchées (celles des cadres très qualifiés) qui sont les mieux rémunérées.

À l'autre bout de l'échelle, il n'y a souvent que ceux qui n'ont plus que leurs yeux pour pleurer. Chez les non-salariés, la situation est encore plus précaire. Les micro-entrepreneurs ne perçoivent par exemple qu'un revenu mensuel moyen de 590 euros, avec un dixième seulement d'entre eux qui parvient à dégager plus de 1 510 euros par mois en 2019.

Or, l'aggravation des inégalités de salaires (et des inégalités entre salariés et non-salariés) produit un creusement des inégalités de revenus, du fait à la fois de l'explosion des salaires des très qualifiés et des managers[8] mais aussi de la croissance très rapide des revenus du patrimoine.

Une bonne représentation de ce phénomène est la croissance de la rémunération des dirigeants du SBF 120 comparée à celle du reste des actifs. Elle progresse de +32 % entre 2010 et 2019 tandis que le salaire moyen en France sur la même période croît de moins de +15 % sur la période, pour passer de 24 731 euros à 29 088 euros à la fin de la décennie.

Avec le renforcement de la discipline salariale et la baisse du temps de travail s'est mise en place une mécanique implacable aux dépens des salariés du bas de la distribution des revenus du travail. Cela concerne en premier lieu les salariés qui touchent le smic. Le pouvoir d'achat du salaire minimum a d'abord stagné dans les années 1980, avant d'augmenter de nouveau au début du XXIe siècle lors du passage aux 35 heures. Depuis 2007, avec des revalorisations limitées chaque année, il stagne.

De manière plus générale, c'est l'ensemble des salariés considérés comme « peu qualifiés » qui font le plus les frais de la stagnation salariale.

Deux phénomènes se conjuguent pour déboucher sur ce résultat. D'abord, depuis la crise financière, on observe une concentration des créations d'emplois aux deux extrémités du marché du travail : les très qualifiés d'une part et les peu qualifiés d'autre part. Or, comme l'observe le Conseil national de la productivité dans son premier rapport[9], les nouveaux emplois principalement créés dans le monde des services sont des emplois à faible productivité. Dit dans les termes exacts du rapport, « c'est dans les services peu qualifiés que la dispersion de la productivité du travail a le plus progressé depuis 1995 ». En cause ? D'après

8. LANDAIS Camille, *Les hauts revenus en France (1998-2006) : une explosion des inégalités ?*, Paris School of Economics, juin 2007.
9. Conseil national de la productivité, *Productivité et compétitivité : où en est la France dans la zone euro ?*, avril 2019.

les auteurs de l'étude présidée par Philippe Martin, aussi bien la médiocre qualité du management et de la formation initiale et continue dans plusieurs branches, dont le commerce, l'hôtellerie ou la restauration, mais aussi les rigidités du marché du travail, la limitation de la concurrence ou encore les obstacles à la mobilité de la main-d'œuvre.

La tertiarisation de notre économie, en étant à l'origine d'une vague de création d'emplois à productivité réduite, tire l'ensemble des rémunérations vers le bas. Cette rupture fragilise encore un peu plus les salariés dont le niveau d'études ne permet que rarement d'accéder à des emplois de cadre, ou même simplement à un CDI et un travail à temps plein. Sans diplôme, un postulant sur le marché du travail ne peut prétendre aujourd'hui en moyenne qu'à un salaire net de 1 225 euros en 2015, contre presque trois fois plus (3 071 euros) pour un diplômé ayant poursuivi ses études au-delà de Bac+2.

Avec la pression qui s'exerce de l'autre côté de la chaîne en faveur de l'élévation de la rémunération des plus qualifiés, on arrive à une situation où l'éventail salarial, plutôt que de se resserrer, continue de s'ouvrir. Ainsi, les experts de l'OCDE ont-ils mesuré pour l'année 2010 que l'écart entre les salaires des 1 % de salariés du bas de l'échelle et les 1 % les mieux rémunérés a parfois atteint des niveaux critiques, comme au Luxembourg (50 fois), ou même au Royaume-Uni (33 fois), alors que la France se situe plutôt dans une situation intermédiaire, loin de la très vertueuse Norvège (seulement 12 fois)[10].

Une autre forme d'inégalité particulièrement injuste n'a toujours pas été endiguée, celle des écarts de revenus du travail entre les femmes et les hommes. En 2017, les salariées islandaises avaient symboliquement décidé d'arrêter de travailler le 24 octobre à 14h38 précise : l'heure exacte à laquelle les collectifs féminins

---

10. OCDE, *Tour d'horizon des inégalités croissantes de revenus dans l'OCDE : principaux constats*, 2010.

avaient estimé qu'elles commençaient à travailler « gratuitement » au regard des écarts de salaires avec leurs homologues masculins.

Un problème que notre pays n'a pas non plus réglé en dépit de vastes campagnes désormais soutenues par le gouvernement. On estime que les femmes en France touchent encore 13,7 % de moins que les hommes. Une dérive qu'on explique tout particulièrement par leur surreprésentation dans les secteurs les moins rémunérateurs (administration publique, santé, action sociale, etc.), et qui tend à augmenter avec l'âge (entre 55 et 64 ans, l'écart grimpe à plus de 21 %) et le niveau de responsabilité : les femmes cadres touchent en moyenne 3 560 euros contre 4 450 euros pour les hommes.

Plus globalement, c'est la classe moyenne qui est en perte de vitesse. La discipline salariale imposée par l'impératif de compétitivité et la volonté de ne pas vouloir écarter la trajectoire des salaires de celle de la productivité, finit par l'étouffer en la touchant au portefeuille et au moral.

La photographie de l'existant en France n'est guère flatteuse : non seulement les revenus des 20 % les plus pauvres n'ont pas augmenté entre 2008 et 2016, mais le revenu disponible médian a lui aussi stagné.

Mais l'amertume d'une partie des Français, qui s'était exprimée lors de la crise des Gilets jaunes il y a quatre ans, vient d'un malaise plus profond encore. Elle provient du sentiment, hélas vérifié empiriquement, que pour sortir du bas de l'échelle des revenus, il faut beaucoup plus de temps qu'ailleurs. Les experts de l'OCDE affirment que là où on doit se contenter de quatre à cinq générations pour se hisser à un niveau de revenus moyen en venant d'une famille située en bas de l'échelle des revenus - c'est le cas d'une majorité de pays occidentaux - il faut aujourd'hui en France pas moins de six générations (environ cent quatre-vingts ans) pour y parvenir[11].

11. OCDE, *L'ascenseur social en panne ?*, juin 2018.

Un résultat qui fait frémir quand on pense qu'il suffit de seulement trois générations dans les pays nordiques, comme en Suède ou en Finlande.

L'ascenseur social hexagonal est en panne. Certes moins qu'en Colombie où onze générations sont nécessaires ou au Brésil (neuf), mais ce déterminisme social est insupportable ! C'est bien le sentiment qu'une partie de nos compatriotes éprouvent quand ils devinent que les écarts de revenus d'aujourd'hui restent non seulement élevés, mais traduisent plus profondément un déterminisme social, qui affecte aussi bien les plus pauvres qu'une partie des classes moyennes.

Car l'inégalité des chances est avant tout une réalité qui démarre à la naissance, en fonction de la catégorie socio-professionnelle à laquelle on appartient, puis qui vous colle à la peau dès l'école. Pour ne jamais vous lâcher : que deviendront demain sur le marché du travail les plus de 15 % d'adolescents de quinze ans rencontrant de réelles difficultés scolaires ?

Le retard scolaire et sa forme aggravée, le décrochage scolaire, ne pardonnent pas.

Il est acquis que les divergences de niveaux d'études, qui résultent pour partie des disparités en début de vie, deviennent par la suite un véritable « boulet » pour l'accès à l'emploi et qu'une fois en poste, un salarié peu diplômé aura très peu de chance de rejoindre le bon wagon, tant le système de formation professionnelle (en cours de réforme) n'offre aujourd'hui que de faibles chances de correction des inégalités de formation initiale.

Sous pression, la classe moyenne ne sait plus vraiment vers qui se tourner politiquement et disperse depuis plusieurs années ses voix aux différents scrutins, entre ceux à qui elle reproche de ne pas avoir corrigé les inégalités des chances lorsqu'ils étaient au pouvoir, et ceux à qui elle pourrait prêter l'intention de vouloir renverser la table, mais sans certitude que la vaisselle ne sera pas ébréchée, sous l'effet des thérapies de choc populistes.

La bombe à retardement des salaires est prête : le niveau des salaires est comprimé et la part salariale dans la valeur ajoutée est fortement contrainte. Les écarts de revenus sont non seulement élevés, mais l'espoir de sortir du bas de l'échelle salariale pour ceux qui s'y trouvent n'a jamais été aussi faible.

Soit ils se tairont, soit ils ne supporteront plus cette désespérance salariale. Leur niveau de mobilisation dans les prochaines années reste encore incertain. Car si neuf Français sur dix considèrent qu'il est nécessaire de réduire les écarts de revenus, ils sont presque autant à penser (85 %) que les différences de revenus sont acceptables quand elles rémunèrent des mérites individuels correspondants. Un paradoxe dont s'amuse Pierre Rosanvallon dans son ouvrage consacré aux « épreuves de la vie[12] ». Ce paradoxe permet aussi de comprendre la relative frilosité du mouvement social dans l'hexagone quand il s'agit de réclamer des revalorisations de salaires. Une pudeur revendicatrice qu'on ne retrouve pas quand il s'agit d'aller défendre la retraite à 60 ans jusque dans la rue.

12. Rosanvallon Pierre, *Les épreuves de la vie, Comprendre autrement les Français*, Seuil, août 2021.

Chapitre 4

La jungle des revenus du travail

Les inégalités salariales ne sont pas que des statistiques.

Pour ceux qui les subissent ou éprouvent le sentiment d'être insuffisamment payés par rapport à d'autres, elles sont vécues comme de véritables « épreuves de la vie[1] ». Car elles mettent en jeu à la fois un sentiment d'injustice personnelle, avec souvent de fortes implications pécuniaires et matérielles, mais aussi d'incertitude plus profonde sur la valeur accordée par la société à leur travail.

Les inégalités salariales, lorsqu'elles sont trop marquées, suggèrent aussi que les détenteurs des plus grosses rémunérations les auraient forcément mal acquises. Elles font planer un soupçon sur le caractère (dis)proportionné des gains voire de probité à l'égard des plus gros salaires. La défiance salariale se répand ainsi comme un lent mais très redoutable poison venant miner la cohésion sociale et affaiblir le sentiment démocratique.

Autant donc le reconnaître : si la France est bien plus épargnée que l'économie américaine par les inégalités de revenus dans la période la plus contemporaine, elle a également son lot de

1. Rosanvallon Pierre, *ibidem*, août 2021.

disparités salariales fortes. Et ni l'épidémie de Covid-19 depuis deux ans ni la montée des tensions inflationnistes, aggravées par la crise en Ukraine, n'ont remis en cause l'épaisseur de la couche de stratification salariale qui s'est formée depuis le début des années 1980. Laquelle est à l'origine d'une nouvelle hiérarchie des rémunérations faisant apparaître des très gros « gagnants » d'un côté et d'authentiques « perdants » de l'autre.

Quelques gagnants raflent la mise

Lorsqu'on cherche à se représenter l'inégalité salariale par l'image, notre esprit va toujours au plus simple. Il nous désigne toujours ceux qui incarnent à la fois le meilleur de la réussite et sa face présumée la plus sombre : les patrons. Notre pays n'aime pas spécialement « l'échec ». Mais il méprise le plus souvent bien plus encore la « réussite ». Il nous est par conséquent devenu difficile de reconnaître à ceux qui l'incarnent la légitimité de gagner beaucoup plus que la moyenne de leurs compatriotes.

C'est le procès récurrent fait aux grands patrons, régulièrement mis en scène, glissant régulièrement vers la caricature et souvent ramené dans son instruction à un décorticage en règle de leurs rémunérations. Il faut dire que, malgré leur encadrement par les comités de rémunération depuis le début des années 2000, ces derniers ont parfois eu « la main lourde » lorsqu'il s'agissait de fixer les salaires des plus hauts dirigeants, une expression que j'emprunte à Charles-Henri Le Chevalier[2].

Qu'on en juge : le salaire moyen pour un PDG du CAC40, de 4 millions de francs (610 000 euros) entre 1993 et 1997, est passé à 1,1 million d'euros en moyenne aujourd'hui. Des sommes qui choquent moins par elles-mêmes que lorsqu'on les ramène à la base de la pyramide salariale, autour de 20 000 euros pour un

2. Le Chevalier Charles-Henri, *La rémunération des grands patrons. Halte à la démesure !*, Manitoba, septembre 2021.

salarié à temps complet. Soit un écart de 1 à 55... avant même d'intégrer les autres éléments de la rétribution du dirigeant.

Car le grand patron se distingue du quidam par l'existence même, et plus encore par le volume parfois pharaonique, des rémunérations accessoires s'ajoutant à son salaire de base. Une tendance à laquelle la France n'a pas échappé, à l'opposé de l'économie nippone, restée bien plus raisonnable.

Ainsi malgré l'application des codes (AFEP, MEDEF), d'ailleurs discrets dans leurs recommandations quantifiées, l'économie française a emboité le pas aux autres pays occidentaux, en offrant en moyenne plus de 4 millions d'euros par an aux patrons des plus puissantes entreprises multinationales.

Un scandale pour certains, comme Philippe Steiner qui évoquait déjà en 2001 des « rémunérations obscènes[3] ». Le prix du risque et la récompense du talent pour les autres, qui rappellent aussi l'exigence d'attractivité dans une économie mondialisée où notre économie doit aussi attirer et retenir les meilleurs pour continuer d'aller de l'avant...

Tableau 3 – La rémunération annuelle moyenne des grands patrons en 2019

	France	Europe (R-U, Ita, Esp, Suisse, Allg)	Europe (R-U, Allg, Suisse)	États-Unis	Japon
Salaire	1 100 000	1 250 000	1 350 000	1 200 000	700 000
Bonus	1 450 000	1 200 000	1 300 000	2 400 000	300 000
Intéressement à long terme	1 600 000	1 250 000	1 700 000	8 900 000	200 000

Source : D'après LE CHEVALIER Charles-Henri, *La rémunération des grands patrons*, 2021, p. 244.

3. STEINER Philippe, *Les rémunérations obscènes. Le scandale des hauts revenus en France*, La Découverte, 2001.

En comparaison, le salaire moyen des chefs d'entreprise (toutes tailles d'entreprises confondues) – qui endossent pourtant de lourdes responsabilités – apparaît bien lilliputien, à 5 406 euros par mois, avec d'importants écarts selon la taille et le secteur d'activité d'une PME à l'autre.

On stigmatise les rémunérations des grands patrons. Mais qui s'étonne par ailleurs des revenus des stars, issues du sport, des arts et du spectacle ? Quand on compare les rentrées des plus grandes étoiles du football (les Messi, Ronaldo, Mbappé...) à celles des très hauts dirigeants, on s'aperçoit que les dix footballeurs les mieux rémunérés au monde (16,4 millions d'euros) gagnent presque deux fois plus que les dix PDG les plus chers payés (9,2 millions)[4]. Et personne ou presque ne s'en plaint. C'est à croire que la valeur de Mbappé, Neymar et des autres mégastars du ballon rond est un dogme indiscutable, alors que celle des géants qui dominent la sphère entrepreneuriale est davantage sujette à caution.

Alors qu'ils exercent des responsabilités écrasantes, les plus hauts dirigeants publics français – à qui on réclame toujours plus d'efficacité et de transparence – touchent pour leur part des revenus qui n'ont rien à voir avec ceux des grands patrons du privé. Le président de la République et son Premier ministre ne gagnent « que » 15 200 euros brut par mois, les ministres 10 100 euros et les secrétaires d'État seulement 9 600 euros. Du côté législatif, le traitement est encore plus « sec » : 7 200 euros pour les députés comme pour les sénateurs. On ne peut pas reprocher aux élus de la République de faire main basse sur les caisses de l'État avec ce qu'on leur verse, ni de faire partie des « Happy few » qui ont vu leur sort salarial s'améliorer dans les années récentes. Sous Nicolas Sarkozy, la rémunération présidentielle s'élevait à 21 300 euros brut mensuels, avant que François Hollande ne la

4. Journal *L'Équipe*, édition du 7 février 2020.

réduise de 30 % en 2012. Une décision maintenue par Emmanuel Macron depuis son arrivée à l'Élysée.

Est-il possible de dire si ces écarts de revenus entre les plus hauts décideurs privés et publics et les plus grandes vedettes du sport ou de la chanson pourraient obéir à des règles plus équitables de répartition ?

C'est évidemment impossible. En regardant les choses à la loupe, on s'aperçoit d'ailleurs que nous sommes cernés de toutes parts par les inégalités salariales. D'où que l'on regarde, il y a toujours un sommet (étroit) et une base (large). De sorte que même dans le monde du sport ou celui du spectacle, il y a une hyper-concentration des gains issus du travail. Et c'est elle qui interroge. Ainsi, les footballeurs gagnent en moyenne bien plus que les artistes, et les artistes américains infiniment plus que les artistes français, du fait de l'existence d'une audience internationale bien plus large.

Au sein même du monde sportif, il y a une tendance à l'émergence et au développement de quelques grandes fortunes (dans le tennis, la boxe, le football, le golf...) contrastant avec le revenu du « tout-venant », qui ne touche que des miettes, surtout si on les ramène à la faible durée d'une carrière sportive. Ainsi, le champion olympique de biathlon (2022), le Français Quentin Fillon Maillet, n'a touché comme retour direct de ses cinq médailles ramenées de Pékin (deux en or et trois en argent) que 200 000 euros (65 000 par médaille d'or et 25 000 par médaille d'argent). Des sommes coquettes, mais qui laisseraient peut-être moqueur le vainqueur de l'US Open de tennis, lequel a empoché un chèque de 2,5 millions de dollars (2,125 millions d'euros) en 2021[5] ; un montant pourtant en baisse de 17 % par rapport à l'édition 2020.

---

5. US Open. Cité par le site *SportBusiness.club*, « Tennis combien gagnent les vainqueurs de l'US Open 2021 », 25 août 2021.

Ironie du sort, la même année, en cas de défaite au premier tour, les joueurs du célèbre tournoi américain du Grand Chelem ont dû se contenter de 75 000 dollars (64 000 euros environ), soit environ 33 fois moins pour un match disputé contre sept au vainqueur...

« *Winners take all* ». C'est la formule permettant de comprendre la formation des revenus internationaux dans la nouvelle économie mondiale : vainqueurs et leaders raflent (toute) la mise. Une règle qui vaut pour les individus, et qui aide aussi à comprendre les écarts salariaux entre secteurs d'activité.

Ainsi, avec la recomposition structurelle du tissu économique, sous l'effet de la mondialisation et des nouvelles vagues technologiques, on note un emballement salarial dans le numérique.

Du fait d'une bataille internationale des talents, les profils les plus qualifiés du secteur se vendent désormais à prix d'or. Pour le premier emploi, le salaire moyen est passé de 37 000 euros brut annuel en 2020 à 40 000 euros l'année suivante, soit un bond de 8 % en un an. Et ce n'est pas tout. Après cinq à dix ans d'expérience, un responsable des données (« chief data officer »), profil clé dans le pilotage de l'activité, se recrute dans une fourchette de 75 000 à 120 000 euros annuels[6].

Les vrais gagnants du nouvel environnement technologique et commercial se comptent toutefois sur les doigts d'une seule main : à côté de « l'IT » (avec des salaires entre 47 000 et 132 000 euros bruts annuels en 2021 selon l'APEC), seules la banque, l'industrie pharmaceutique ou encore les assurances et la chimie sont capables de rivaliser, avec un salaire moyen allant de 37 932 euros dans la chimie à 44 988 euros dans la « pharma ».

Pour figurer parmi les gagnants des grandes transformations récentes de l'économie, il faut appartenir à l'un de ces secteurs ou à une poignée d'autres. Il faut aussi être cadre et si possible ingénieur (la progression du salaire des ingénieurs a atteint +8,3 % l'an

6. « Les salariés du numérique en position de force », *Alternatives économiques*, n°421 mars 2022, page 36.

dernier) et évoluer de préférence dans une société de plus de 500 salariés. Le niveau des rémunérations y est près de 1 000 euros supérieur à celui enregistré dans les entreprises de moins de dix salariés (3 376 euros net mensuels en 2019 contre 2 419 euros).

Pour être plus complet encore, il faut bien admettre la répartition des revenus dans notre pays est aussi déterminée par la géographie. Pour bien gagner sa vie, quand on est cadre et qu'on travaille dans un secteur d'activité attractif, mieux vaut aussi vivre à Paris ou dans sa périphérie. Le revenu des salariés franciliens dépasse ainsi de 27 % la moyenne nationale[7]... un avantage qui n'est qu'en partie effacé par des prix à la consommation plus élevés (de 9 %) en région parisienne qu'ailleurs en métropole. La concentration des revenus les plus élevés en Ile-de-France (avec presque un salarié sur deux – 43 % précisément – figurant parmi les 1 % de salariés gagnant le plus) s'explique largement par une concentration des salariés les plus diplômés sur ce territoire où le développement économique est le plus soutenu.

La mondialisation et les nouvelles vagues technologiques sont sélectives. Très sélectives. Les gagnants sont peu nombreux. Mais ils gagnent beaucoup...

Des perdants qui s'enfoncent

À l'autre bout de l'échelle, les perdants se comptent en légions. Et ils perdent souvent gros. Dès à présent. Ou un peu plus tard.

Les retraités, de la lumière à la pénombre salariale

Il y a d'abord ceux qui étaient plutôt gagnants pendant longtemps, et qui pourraient bientôt beaucoup perdre. C'est le cas des retraités français. Parmi les grands pays de l'OCDE, ce « sont les seuls à bénéficier d'un niveau de vie supérieur de 3 % à celui

7. Insee, *Emploi, chômage, revenus du travail*, 2 juillet 2020.

de l'ensemble de la population – et même 9 %, une fois tenu compte du fait qu'ils sont le plus souvent propriétaires de leur logement[8] ». Et si cela ne va sans doute pas durer très longtemps encore, c'est parce que les dépenses publiques et privées de retraite ont atteint une cote d'alerte, à 13,9 % du PIB, soit deux points de plus que les autres grands pays occidentaux.

La Commission européenne ne s'y est pas trompée, elle qui anticipe déjà une forte baisse du poids des dépenses de retraite dans la richesse nationale en France d'ici à 2070. Un paradoxe pourtant alors même qu'il n'y aura plus à cet horizon que deux actifs pour un inactif (contre trois actuellement). Un paradoxe qui s'explique en réalité par les très forts ajustements à attendre dans les prochaines années, et qu'on voit déjà poindre. Ainsi, il faut parier sur un décrochage progressif des retraites par rapport aux salaires. Les treize millions de retraités Agirc-Arrco n'ont déjà pas eu de revalorisation en 2020 à cause de la crise du Covid. Les retraites de base ont été revalorisées au 1er janvier 2022 (+1,1 %) puis au 1er juillet (+4,4 %), soit moins que la hausse des prix. Même constat avec +1,1 % au titre de 2021, alors que l'inflation officielle 2021 en moyenne annuelle atteignait +1,6 %. Déjà l'année précédente, elles n'avaient été revalorisées que de +0,4 %. Le compte n'y est pas.

Bien qu'en principe indexées sur l'inflation, les retraites ne sont pas toujours revalorisées à hauteur de la hausse des prix. Ainsi, le think tank libéral IREF a-t-il calculé que sur la durée du quinquennat d'Emmanuel Macron – et en confrontant le taux officiel d'inflation du 1er janvier 2017 au 1er janvier 2022 aux indexations retenues pour les pensions du régime de base –, il manquerait 3,41 % de revalorisation[9].

---

8. Les Gracques, *Le manifeste de la dernière chance*, Albin Michel, septembre 2021, p. 109.
9. « La revalorisation des pensions ne suit pas la flambée de l'inflation », *Le Figaro économie*, 2-3 avril 2022, p. 21.

Il n'y a guère de doute : les retraites n'étant pas indexées sur les salaires et pas toujours à due proportion sur l'inflation, il faut s'attendre à ce que leur niveau décroche. L'association *Les Gracques* anticipe pour sa part un « décrochage massif du niveau de vie des retraités (-25 points), qui représentera à terme moins de 80 % de celui de l'ensemble de la population », ce qu'il qualifie de « hold-up intergénérationnel ».

Revenons aux actifs – nos futurs retraités – également nombreux à décrocher ou à pouvoir décrocher.

Les revenus des employés du secteur privé à la peine

Autant les salaires ont tendance à augmenter avec l'âge, ce qui est d'autant plus vrai pour les diplômés, autant après 50 ans, la situation se complique. Avec un taux d'emploi qui s'affaisse bien plus vite en France et aux États-Unis quand on devient quinquagénaire, le marché du travail français n'est pas suffisamment ouvert à l'intégration des séniors : un peu plus de la moitié d'une classe d'âge des séniors reste en emploi. Si les salaires des plus diplômés peuvent espérer augmenter jusqu'à 62 ans, ceux des moins diplômés diminuent en moyenne à partir de 54 ans révèle France Stratégie[10]. Ainsi, plus on vieillit et moins on est qualifié et plus on risque de perdre son emploi à la cinquantaine, ce qui a des conséquences sur la progression des salaires.

Que se passe-t-il en termes salarial si on raisonne cette fois en fonction de l'appartenance à une catégorie professionnelle ?

Chez les ouvriers d'abord. Pour illustrer leur difficulté à vendre leur force travail à sa juste valeur, Turgot écrivait déjà dans une de ses *Correspondances* à un ecclésiastique de l'époque que « La misère bannit la paresse et rend le travail si nécessaire à l'ouvrier qu'il le met au rabais ».

---

10. France Stratégie, *Les salaires augmentent-ils vraiment avec l'âge ?*, novembre 2018.

Trois siècles plus tard, les rapports de force sur le marché du travail demeurent. Et ils sont toujours au désavantage des moins qualifiés qui continuent de payer au prix fort la progression plus rapide du progrès technique que celle de l'adaptation du système d'éducation. Avec presque un quart des actifs de 15 à 64 ans sortis de l'appareil scolaire (23,4 % précisément) sans avoir dépassé le « Secondaire » (contre seulement 10 % aux États-Unis et même 13,3 % en Pologne) en 2019, notre pays – faute d'avoir su préparer le plus grand nombre aux nouvelles exigences du marché – fragilise fortement cette partie de la population active qui traverse les mutations de notre appareil productif avec d'importants handicaps. Il alimente lui-même les cohortes du chômage et affaiblit encore le pouvoir de négociation des actifs les moins diplômés dans leur face-à-face avec des employeurs de plus en plus exigeants et bien organisés.

Dans un tel environnement, on ne donnerait pas cher du sort salarial des ouvriers. Sauf qu'ils ne s'en sortent objectivement pas si mal jusqu'à présent. Depuis 1996, ce sont eux qui ont connu les plus fortes hausses de salaires, avec une augmentation de leur rémunération fixe annuelle moyenne de +54,8 %, à comparer aux +52,2 % pour l'ensemble des salariés.

Alors, comment expliquer que la « prime de qualification » dont bénéficient les plus diplômés (leur permettant de négocier des salaires plus élevés) n'ait pas davantage desservi, à l'autre bout de l'échelle, les moins qualifiés ? Parce que le nouvel environnement technologique a choisi un autre modèle. Les économistes tendent ainsi à montrer que la « polarisation du marché du travail » – Patrick Artus parle même pour sa part de « bipolarisation[11] » – joue d'abord en défaveur des qualifications intermédiaires. Ce qu'on retrouve effectivement dans les statistiques salariales : la progression des revenus du travail

11. ARTUS Patrick et VIRARD Marie-Paule, *Pour en finir avec le déclin : les priorités économiques et sociales de la France*, Odile Jacob, mars 2022.

de cette catégorie a été en définitive la plus faible de toutes (+36,5 %) depuis un peu plus de vingt-cinq ans.

Contrairement à ce qu'on aurait pu imaginer, notre appareil productif continue d'être friand d'emplois peu qualifiés, notamment encouragé par la baisse des cotisations sociales patronales sur les bas salaires. Avec la tertiarisation de l'économie, nous avons aussi continué à augmenter nettement le nombre de travailleurs indépendants, lesquels jouissent de revenus aussi faibles qu'aléatoires. Une évolution peu favorable à la fois en « qualité » d'emploi, de conditions de travail et finalement couronnée par des rémunérations le plus souvent médiocres, contrastant avec la très forte demande dont ils font l'objet : salariés agricoles, agents d'entretien, aides à domicile et aides ménagères, employés de restauration, aides-soignants, agents de sécurité, etc. pour ne citer que les métiers faisant l'objet d'une très forte recherche en France. Avec au total selon Patrick Artus et Marie-Paule Virard « plus de 500 000 emplois dans les services domestiques dont la rémunération et la productivité sont nettement plus faibles que celles des emplois manufacturiers[12] ».

Un « néo-prolétariat » version XXIe siècle, en somme, avec un emploi précaire et des revenus au smic ou très proches du revenu minimum. Avec à la clé beaucoup de Français qui déchantent tant la promesse d'une digitalisation de l'économie riche en qualité d'emplois apparait loin d'être tenue...

Car la technologie a beau être une source potentielle d'innovation et de mieux-être dans beaucoup de domaines (la médecine, les transports, etc.), en devenant plus performante, elle devient aussi une menace. Et si on devait suivre l'auteur de *A World without Work : Technology, Automation, and How we should respond*[13], à l'avenir, elle pourrait même devenir bien plus qu'une

12. ARTUS Patrick et VIRARD Marie-Paule, *Ibidem*, p. 27.

13. SUSSKIND Daniel, *A World without Work: Technology, Automation, and How we should respond*, Metropolitan Books, janvier 2020.

une « force complémentaire » aux hommes (qui les aide à performer dans leurs tâches) : une véritable « force de substitution », avec en bout de course, comme le craint Daniel Susskind, un remplacement par des robots, contraignant les êtres humains à trouver d'autres activités non substituables pour éviter une élévation massive du chômage structurel.

Sans aller jusqu'à ces prophéties d'un « futur sans travail », qui amèneraient d'ailleurs notre société à revoir son rapport avec la notion même de « salaires » compte tenu des liens indéfectibles unissant travail et rémunération, il nous faut aussi constater que quand bien même les salariés du numérique ont commencé à imposer leurs conditions aux employeurs du secteur, celui-ci est devenu et reste un ilot de prospérité au milieu d'un océan d'austérité salariale. Avant tout autre secteur, l'industrie a payé un lourd tribut à la mondialisation. Son décrochage spectaculaire, avec à peine 17 % aujourd'hui des richesses créées de notre économie, a lui-même entraîné une redistribution des revenus et, plus nettement encore, des fortunes françaises. Jérôme Fourquet et Jean-Laurent Cassely ont ainsi relevé que le nombre de familles ou de personnes issues de l'industrie (incluant le secteur de l'énergie) dans le classement des fortunes établi par *Challenges* était passé de 164 en 1998 à seulement 68 en 2020[14].

Outre l'industrie, les perdants de la globalisation sont aussi ceux qui ont le plus souffert de la pandémie et des actuelles tensions inflationnistes sur le marché des matières premières et de l'énergie.

La crise sanitaire de 2020 et la guerre en Ukraine touchent davantage les plus modestes au portefeuille que les nantis – on s'en doutait – et on n'observe, à vrai dire, aucun « ruissellement » structurel du numérique vers le reste de l'économie.

14. Fourquet Jérôme et Cassely Jean-Laurent, *La France sous nos yeux*, chapitre 4, Seuil, p. 330.

En fin d'année 2021, la forte mobilité observée sur les marchés du travail américain et anglais avait ainsi laissé espérer (ou, pour certains, craindre) une surenchère salariale. Celle-ci aurait en tout cas permis un rattrapage de rémunération fixe au moins utile dans des secteurs où les grilles de salaires étaient obsolètes et où les minima conventionnels étaient même devenus inférieurs au smic après ses revalorisations successives en octobre 2021 (+2,2 %) puis au 1er janvier 2022 (+0,9 %) : coiffure (106 000 salariés), grands magasins (36 500 salariés) ou encore bricolage (80 500 salariés).

Mais contrairement au Royaume-Uni par exemple où, avec plus d'un million de postes vacants, le phénomène dit de « grande démission » (9 % des personnes au chômage partiel pendant la pandémie ayant décidé de ne plus travailler du tout)[15] allait pousser à la hausse de nombreuses rémunérations, l'emballement salarial dans le numérique fait largement figure d'exception dans l'hexagone.

Certes, il y a bien eu des réajustements comme dans la branche des hôtels-cafés-restaurants (HCR), que 237 000 salariés avaient quittée entre février 2020 et 2021, mais l'augmentation moyenne (+16,33 %) des salaires conventionnels actée le 17 janvier 2022 par un seul syndicat traduit surtout un rattrapage. Et non une remise en question de la grille de 2018, toujours en vigueur.

Autre exemple, dans les transports routiers où manqueraient quelque 60 000 chauffeurs selon les syndicats, la hausse mise à signature (+5 %) le 31 janvier contraste avec les +20 % obtenus de l'autre côté de la Manche pour leurs confrères.

Quand on interroge les Français sur l'attractivité des métiers en tension, presque deux tiers d'entre eux pointent la faiblesse

15. « Le Royaume-Uni face à la surenchère salariale », *Les Échos*, 24-25 décembre 2021, p. 9.

des rémunérations proposées dans la restauration, l'hôtellerie, le bâtiment, la logistique, l'industrie... et même l'informatique[16].

Le retour de l'inflation semble plus avoir créé ici et là – au vu des NAO (négociations annuelles obligatoires) du premier trimestre 2022 – quelques effets de rattrapage salarial, mais sans combler les retards antérieurs, à l'origine d'un effet de ciseau entre les secteurs « gagnants » (numérique, banque, industrie pharmaceutique...) et ceux qui restent à la traîne de cette dynamique. Chez les agents de sécurité par exemple, très en colère en mars 2022 après la diffusion à la télévision et sur les réseaux sociaux du passage à tabac d'un de leur collègue, vigile au centre commercial des *Quatre Temps* à La Défense, l'effet de revalorisation de +2,2 % acté en septembre de l'année 2021 par un accord de branche a été totalement dépassé en quelques mois par les augmentations successives du smic que le ministère du Travail prévoyait encore d'augmenter au 1er mai face à une inflation galopante.

Pire encore : crise sanitaire et inflation conjuguées contribuent à créer de nouvelles fractures salariales, faisant de nouvelles victimes, plutôt épargnées lors des dernières décennies. Une étude de l'automne 2021 révèle ainsi la constitution d'une nouvelle couche de fragilité sociale, dont la sédimentation s'est cristallisée au cours des longs mois de pandémie. Le Crédoc recense ainsi parmi les Français un long et douloureux cortège de quatre millions de « nouveaux vulnérables[17] », soit au chômage (pour 14 % d'entre eux), soit éprouvant des difficultés fortes d'accès à l'emploi (dans près d'un cas sur deux). Une population composée majoritairement de jeunes actifs, évoluant la plupart du temps dans le privé, en particulier dans les secteurs du commerce, de

16. Sondage « Elabe » pour *Les Echos*, l'Institut Montaigne et Radio classique, octobre 2021.
17. Crédoc, *Quatre millions de Français fragilisés par la crise sanitaire*, octobre 2021.

l'hébergement-restauration, des activités culturelles ou encore des services aux ménages. Ils sont faiblement diplômés et très concentrés dans les grandes villes (plus de 100 000 habitants), tout particulièrement en Île-de-France pour un cinquième d'entre eux.

Ainsi, dans un pays qui reste encore plutôt égalitaire, avec des écarts de revenus primaires « raisonnables » – les professions libérales ont par exemple un revenu moyen de l'ordre de 8 000 euros, avec une forte dispersion, alors que le revenu médian est d'un peu plus de 1 940 euros net – près d'un actif sur deux gagne moins que cette somme. Cela devient problématique quand la crise vient encore rogner sur leur pouvoir d'achat, soit parce qu'ils ont été mis au « chômage partiel » (mesure qui a pour autant sauvée des emplois), soit parce qu'ils ont rencontré eux-mêmes un accident de parcours, susceptible à tout moment de les faire basculer dans la précarité : perte d'emploi, maladie, séparation, etc. Il s'agit d'une catégorie de Français que le sociologue François Dubet range dans une nouvelle classification aussi ébouriffante que parlante, en évoquant la « pauvreté des normaux[18] ». Celle finalement d'une frange de la population assez vaste qui redoute non seulement le « déclassement », mais – pire encore – la grande précarité... puisqu'au moment de la crise financière, six Français interrogés sur dix craignaient de devenir un jour SDF[19].

La rémunération des fonctionnaires à la traîne

Le déclassement salarial puis social, et la peur de ne pas être payé à la juste mesure de ses mérites constitue une inquiétude qui est loin de toucher le seul secteur privé marchand. On entend moins les fonctionnaires, mais ils ne sont assurément ni les grands gagnants de la dynamique salariale de la dernière décennie ni pour autant les moins contributifs à l'effort de redressement

18. Dubet François, *Tous inégaux, tous singuliers. Repenser la solidarité*, Seuil, mars 2022, p. 27.
19. Sondage CSA, Emmaüs, novembre 2009 – cité par F. Dubet, *ibidem*, p. 27.

économique et social engagé par la France depuis le déclenchement de l'épidémie de Covid-19 dans le monde.

D'abord, il faut noter que les rémunérations des serviteurs publics n'ont pas le vent dans le dos. Sur dix ans, entre 2009 et 2019, il y a une différence de dynamique très nette avec le privé : les salaires des agents publics (y compris ceux des contractuels) ont diminué de -0,7 % sur la période quand ceux du privé ont augmenté de +4,8 %. Ces données prennent en compte l'inflation.

Pour mieux comprendre ce qui se passe côté public, encore faut-il appréhender le mode de fixation de la rémunération des 5,7 millions de fonctionnaires (État, collectivités locales, hôpitaux) administrant notre pays. Car leur « traitement » (c'est ainsi qu'on appelle leur salaire) obéit à des règles particulières : il est déterminé par un indice numérique correspondant à la place de l'agent sur une grille hiérarchique. Et cet indice est fonction de la catégorie (A, B ou C) de fonctionnaires à laquelle appartient l'agent, de son corps de rattachement à l'intérieur de cette catégorie, de son grade dans le corps, et enfin de l'échelon atteint dans le grade. Pour faire simple, le traitement du fonctionnaire est obtenu en multipliant son indice (indice nouveau majoré) par la valeur du point d'indice, elle-même fixée par décret après négociation avec les organisations représentatives des fonctionnaires.

Or, la valeur du point d'indice des agents publics est gelée depuis 2010, à l'exception de deux revalorisations de +0,6 % en juillet 2016 et février 2017. Pas de quoi mettre du beurre dans les épinards.

Il est vrai cependant qu'à l'intérieur même des fonctions publiques, des efforts ont été réalisés pour réduire les écarts les plus importants et revaloriser les travailleurs de « première ligne » pendant la crise : infirmiers, aides-soignants, auxiliaires puéricultrices, policiers, jeunes enseignants – au total 1,2 million de fonctionnaires de catégorie C – ont bénéficié ces deux dernières années d'une revalorisation de leur traitement, avec des augmentations allant de +40 euros à +100 euros mensuels.

Mais gelé depuis déjà cinq ans, le point d'indice actuel expose beaucoup de fonctionnaires du bas de l'échelle aux pressions inflationnistes qui n'épargnent pas davantage leur niveau de vie que celui des salariés du privé. Le décrochage du traitement des fonctionnaires est une réalité, poussant en mars dernier sept des neuf syndicats représentatifs de la fonction publique (CGT, Unsa, FSU, Solidaires, FA-FP, CFE-CGC et CFTC) à réclamer au gouvernement des « négociations et des mesures immédiates » sur le plan salarial. Une demande à laquelle le gouvernement a fini par répondre favorablement, avec l'engagement pris par la ministre de la Transformation et de la Fonction publiques, Amélie de Montchalin, de revaloriser le point d'indice d'ici l'été 2022. Un dossier repris en main par la suite par son successeur, Stanislas Guerini.

Ce premier pas ne règlera néanmoins pas tout. Car certains métiers de la fonction publique apparaissent particulièrement négligés dans leur traitement salarial en plus de ceux des professions soignantes ayant fait l'objet d'un premier niveau de réponse publique.

Les enseignants français sont ainsi aujourd'hui nettement moins bien payés que leurs collègues européens, très loin par exemple des niveaux de rémunération auxquels émargent les professeurs au Luxembourg ou en Allemagne. Un retard par rapport à la moyenne de l'OCDE qui s'explique entre autres par des débuts de carrière très nettement inférieurs (de 7 %) à la moyenne, avec 29 400 euros brut annuels, contre par exemple 37 400 euros en Suède ou encore 42 100 euros en Espagne... et à des années-lumière des résultats observés au Luxembourg (71 100 euros) ou même chez notre voisin d'outre Rhin (62 300 euros).

Les rattrapages successifs annoncés par le ministre de l'Éducation nationale, Jean-Michel Blanquer, pour 2021 (de +36 euros net par mois pour des professeurs ayant encore entre onze et quinze ans d'ancienneté, et jusqu'à 100 euros net mensuels pour les nouveaux titulaires) puis pour 2022 (de +57 euros net mensuels pour les néo-titulaires ayant une à deux années d'ancienneté, à 29 euros net par mois pour les enseignants ayant de quatorze à vingt-deux années de carrière) ouvrent une brèche.

Tableau 4 – Le salaire des enseignants en Europe : comparaison avec sept autres pays européens (en euros, pour l'année 2019)

	En début de carrière	Après 15 ans d'expérience
Luxembourg	71 100	98 700
Allemagne	62 300	75 400
Espagne	42 100	48 600
Suède	37 400	43 000
Italie	30 100	36 700
France	29 400	35 000
Grèce	18 300	23 900

Source : D'après OCDE – sélection de pays européens.

Mais ils ne sont pas encore de nature à inverser la tendance qui veut que les professeurs français restent encore et toujours très mal payés.

Surtout, le manque de considération salarial accordé par notre pays aux enseignants, alors même que les attentes à leur égard sont considérables, place le métier en situation de sous-attractivité pour un diplômé. En devenant cadre, celui-ci pouvait espérer toucher 56 000 euros en moyenne par an en 2019 (quels que soient le secteur, l'âge ou l'expérience) en France, soit plus de 20 000 euros de plus qu'un enseignant chevronné, de quinze ans d'expérience. Pourquoi devenir prof dans ces conditions ?

C'est sans doute peu ou prou ce que doivent ressentir aussi les chercheurs. Dans une interview récente au journal *Le Monde*, le président du CNRS, Antoine Petit, notait à cet égard le paradoxe qui veut que le principal organisme de recherche publique français (32 000 agents) soit obligé de recruter des talents de niveau Bac+13 en début de carrière pour l'équivalent de seulement deux smic[20]. Une faiblesse qui s'ajoute au niveau insuffisant de la bourse offerte à chaque nouvel entrant – ce qu'on appelle dans le jargon le « package d'accueil » – et qui culmine à 10 000 euros, probablement dix à vingt fois ce que l'offre devrait être pour rivaliser avec d'autres organismes de recherche d'envergure internationale.

Les inégalités salariales, lorsqu'elles produisent de la pauvreté, du déclassement ou simplement de la peur de déclassement social, des incertitudes sur le bouclage des fins de mois et *a fortiori* lorsqu'elles aboutissent aussi – au-delà de l'injustice qu'elles représentent – à mettre en péril notre avenir – ce qui est assez largement le cas en comprimant comme on le fait les salaires des enseignants ou des chercheurs, qui jouent un rôle majeur dans l'économie de la connaissance – sont déplorables.

Encore, ne voit-on que la partie émergée de l'iceberg car faute de données toujours disponibles, l'aperçu qui est donné de la fracture salariale reste beaucoup trop approximatif. Le président de l'OFCE, Xavier Ragot, ne disait pas autre chose en prévenant que les principaux perdants de la crise et de la remontée de l'inflation, en termes de pertes de revenus, n'étaient pas toujours facilement repérables car « ils n'entrent pas dans les statistiques agrégées[21] ». Or, ces exclus de la data salariale peuvent être nombreux, probablement en colère – comme aux temps des Gilets jaunes en 2018 – regroupant aussi bien « des personnes particulièrement affectées par la hausse des prix alimentaires » et de l'énergie, que des « jeunes de moins de 25 ans qui ont perdu leurs petits boulots ». Des constats qui rejoignent ceux des

20. Petit Antoine, « Il faut assumer que la recherche soit une forme de compétition », *Le Monde*, 14 février 2022.

21. Interview de Xavier Ragot, « La France n'est pas dans une phase d'inflation durable », *Les Échos*, 24-25 décembre 2021, p. 2.

sociologues, comme François Dubet et Pierre Rosanvallon, lesquels soulignent depuis plusieurs années le risque de décalage entre la perception des inégalités de revenus des Français et la réalité, compte tenu notamment de statistiques disponibles trop globalisantes alors que la majorité des gens apprécient les problématiques économiques et sociales (tels que le pouvoir d'achat et les salaires) non pas en fonction de données générales mais à la lumière de leur situation personnelle.

Aussi, ce qui compte de plus en plus aux yeux de nos compatriotes, c'est moins la réalité des inégalités salariales aujourd'hui (même si son objectivation reste indispensable) que sa perception. Or, celle-ci renvoie à ce que François Dubet appelle « l'expérience subjective des inégalités », laquelle recouvre en réalité « une somme d'expériences singulières et individualisées dans lesquelles chacun se sent inégal [...] en tant que salarié, que précaire, que protégé, que jeune ou que vieux, en tant qu'on est une femme ou un homme, qu'on est titulaire ou non d'un diplôme utile, qu'on vit ici ou là [...][22] ».

Un défi pour les politiques publiques, qui doivent essayer à l'avenir à la fois de mieux comprendre ces perceptions et réalités multiformes, repenser les catégories statistiques aussi, pour tenter non seulement d'inverser les tendances inégalitaires à l'œuvre, mais aussi leurs représentations sociales.

22. DUBET François, *Ibidem*, p. 9.

Chapitre 5

Déni d'austérité salariale

Après des années de disette salariale, beaucoup pensaient que l'inflation allait changer la donne. Mais face à une inflation galopante, les salaires des Français connaissent un début de rattrapage bien timide depuis le début de l'année, dépassant rarement +2 % alors que la progression du niveau général des prix est presque deux fois plus rapide...

Pourquoi le débat salarial national est-il à ce point escamoté et presque toujours relégué ? Pourquoi les réponses politiques apportées en Europe à la stagnation des revenus du travail sont-elles si exagérément timides depuis tant d'années ?

Une situation qui a de quoi inquiéter mais aussi surprendre. Car beaucoup de dirigeants du vieux continent n'hésitent pas à recourir à l'emphase lorsqu'il s'agit de défendre le travail et sa rémunération, au nom de la défense du pouvoir d'achat.

Mais d'un autre côté, ils dissimulent mal leur embarras à traiter une équation que certains considèrent comme définitivement insoluble : comment encourager une dynamique d'augmentation salariale sans compromettre sa stratégie commerciale à l'heure de la mondialisation ?

Les trois derniers présidents en exercice ont recherché chacun à leur tour la martingale gagnante. Avec des succès inégaux.

Nicolas Sarkozy, lors de son mandat, n'avait cessé d'inonder les médias sur cette matière déclarant à maintes reprises : « ma politique, c'est le travail[1] », avec un bilan mitigé. Cinq ans plus tard, François Hollande avait donné la priorité au soutien à la compétitivité des entreprises, un choix qui a eu d'importantes conséquences sur le pouvoir d'achat des salariés. Depuis 2017, Emmanuel Macron s'est toujours montré circonspect sur la question salariale. Il a le plus souvent mobilisé d'autres instruments pour préserver le niveau de vie des Français.

À vrai dire, depuis une décennie, un silence assourdissant entoure les discussions publiques sur les salaires. Au point de se demander si ce n'est pas « l'impératif de compétitivité » qui aurait tué dans l'œuf toute velléité de discussion sur un sujet explosif, qui fait toujours craindre aux gouvernements successifs de prendre un mauvais coup…

Partout en Europe, ou presque, la question de la modération salariale est longtemps restée un totem. On verra qu'une lueur se fait malgré tout jour depuis quelques courtes années, avec un premier tabou qui a du plomb dans l'aile, celui du salaire minimum. Beaucoup de pays se sont longtemps refusés à l'adopter ou à le revaloriser. Il est en passe de devenir aujourd'hui un nouvel instrument de réduction des inégalités de revenus. Le déni d'austérité salariale serait-il sur le point d'être remis en question ?

Faire en sorte que le travail paye mieux : trois quinquennats et autant de stratégies

Fraîchement élu, Nicolas Sarkozy est convaincu de connaître l'origine des difficultés économiques de la France et la manière

1. Sarkozy Nicolas, Discours à l'Élysée devant les élus de la majorité, 20 juin 2007.

de les résoudre. Dans son discours devant les parlementaires de la majorité le 20 juin 2007, il explique d'une voix assurée que « s'il manque un point de croissance, c'est parce que globalement et quels que soient les efforts de nos compatriotes, la France ne travaille pas assez ».

Sa solution : « travailler plus pour gagner plus ». Quelques semaines seulement après son arrivée au pouvoir, il convertit son discours dans un premier texte de référence : la loi TEPA (loi pour le travail, l'emploi et le pouvoir d'achat), dont l'une des dispositions les plus emblématiques est la défiscalisation des heures supplémentaires. Un dispositif qui permettra de redistribuer quelque 3,2 milliards d'euros à 9,4 millions de salariés grâce à la double exonération des cotisations sociales (l'heure étant rémunérée au brut) et fiscale (les heures supplémentaires sont déductibles de l'impôt sur le revenu).

Gain net moyen pour les salariés : 500 euros pour un travailleur qui gagne 1 600 euros par mois. Dix millions de personnes en bénéficieront.

Mais le chef de l'État qui se présente comme le président du travail et du pouvoir d'achat va vite déchanter. D'abord parce qu'après des performances nettement supérieures à la moyenne des pays européens en termes de croissance pendant les trois premières années du quinquennat, l'économie française subit de plein fouet la crise financière, à l'origine de secousses sur le pouvoir d'achat.

Dès 2008, le pouvoir d'achat des Français est en berne (-0,3 % de pouvoir d'achat du revenu disponible brut par unité de consommation) et ne parvient à reprendre des couleurs (+0,6 % en 2009 ; +0,1 % l'année suivante et +0,4 % en 2011) que sous l'impulsion de la politique fiscale et des prestations sociales très généreuses dans un environnement productif très dégradé (recul du PIB de -2,5 % en 2009).

Il n'empêche. Dès sa conférence de presse de janvier 2008, le président Nicolas Sarkozy laisse transparaître pour la première fois son impuissance sur la question du pouvoir d'achat : « s'agissant du pouvoir d'achat, déclare-t-il, qu'est-ce que vous attendez de moi, que je vide les caisses qui sont déjà vides ?[2] ».

Nicolas Sarkozy est contraint de s'adapter et son équipage de laisser passer la tempête. À compter de 2011, il peut de nouveau se permettre de faire des gestes pour soutenir le niveau de vie de ses compatriotes. À partir de cette période, c'est bien l'accélération de la masse salariale et la revalorisation du smic qui vont tirer le pouvoir d'achat de manière plus importante que les prestations sociales. Celles-ci retrouvent alors un niveau plus modéré.

Le locataire de l'Élysée élargit aussi son discours et appelle dès la seconde année de son mandat à « mieux partager les rentes et les profits ». Un positionnement qui l'amène à la fois à promouvoir la distribution aux salariés des actions gratuites et des stock-options et à poser des objectifs plus volontaristes pour démocratiser la participation et l'intéressement dans les entreprises.

L'augmentation de la rémunération du chef d'entreprise, c'est possible, dit en substance Sarkozy. Mais alors on ne peut pas d'un côté accepter de récompenser les dirigeants sans penser à revaloriser tous ceux qui contribuent au succès de l'entreprise. Un postulat qui le conduira à conditionner les allègements de charges sociales à l'ouverture de discussions salariales dans l'entreprise.

En cinq ans, Nicolas Sarkozy n'aura, en définitive, cessé de montrer son attachement à la « valeur travail ». Il aura témoigné d'une belle énergie pour préserver le pouvoir d'achat des Français pendant la crise. Dans son discours de Toulon le 1er décembre

2. Sarkozy Nicolas, Conférence de presse à l'Élysée, 8 janvier 2008.

2011, il n'hésite pas à prévenir que « faire porter tout le poids de la crise sur le pouvoir d'achat » n'est pas une option possible.

Des intentions. Des gestes. Un empêchement majeur avec la crise financière. Des adaptations pour sauver le niveau de vie des Français et encourager la dynamique des rémunérations. Cela suffit-il pour faire du successeur de Jacques Chirac le président du pouvoir d'achat et des salaires ?

Son bilan sur le front du travail n'est effectivement pas nul, entre la défiscalisation des heures supplémentaires et le sauvetage du pouvoir d'achat en pleine tourmente financière.

Mais il reste en demi-teinte, et en tout cas très largement inférieur aux ambitions de départ de l'ancien ministre de l'Intérieur. D'autant que sa dernière grande initiative économique en tant que président de la République est le lancement en toute fin de mandat de la « TVA sociale ». Un désastre politique.

Prise dans la précipitation et dans le cadre de la campagne engagée pour sa réélection en 2012, et face à une opposition des partenaires sociaux très forte, sa décision d'augmenter le taux normal de TVA de 19,6 % à 21,2 % pour compenser une baisse de charges sociales de 13 milliards et ainsi réduire le coût du travail se solde par un échec. La majorité suivante découpera à la hache son projet initial.

Celui qui voulait être le président du travail et du pouvoir d'achat laisse alors son fauteuil à François Hollande…

Devenu président de la République, l'ancien leader du Parti socialiste, ne semble tout d'abord pas oublier les promesses qu'il a faites aux moins favorisés. Le 1er juillet 2012, quelques semaines après son arrivée à l'Élysée, il décide une hausse de +2 % du smic (dont 1,4 au titre de l'inflation et 0,6 à titre de « coup de pouce »).

Une décision que son Premier ministre Jean-Marc Ayrault commente et justifie à cette époque en expliquant qu'elle devra

« permettre de prendre en compte l'aspiration légitime des salariés à une redistribution des fruits de la croissance lorsque celle-ci est au rendez-vous[3] ».

On s'attend alors à une déferlante « sociale » de la part du nouvel exécutif. Ce ne sera pas le cas pour deux raisons. D'abord, le tour de vis budgétaire imposé par Bruxelles à la France pour respecter les critères du déficit public, le tout en pleine crise de la dette en 2012-2013. Ensuite, la volonté de protéger l'économie française contre l'intensification de la concurrence européenne sur le coût du travail. Un impératif économique qui amènera François Hollande à prendre des décisions que certains au sein de son propre camp jugent déjà contre-nature : le Pacte de responsabilité à partir du 31 décembre 2013, puis le CICE (Crédit d'Impôt Compétitivité Emploi), avec la volonté de baisser la pression fiscale sur les entreprises.

Gain net pour les PME et les grandes entreprises : 20 milliards d'euros en fin de quinquennat. Des allègements qui seront payés au prix fort par les particuliers dont les prélèvements grimpent eux de 46 milliards entre 2012 et 2017 (cotisations sociales, impôt sur le patrimoine, TVA, fiscalité locale) selon l'OFCE.

De leur côté, les salaires prennent l'eau. Sous la pression de la politique de modération salariale pratiquée par les autres pays européens, les salaires nominaux ne connaissent une croissance annuelle que de +1,2 % à partir de 2015 contre +2 % l'année d'arrivée de François Hollande au pouvoir.

Le CICE, qui avait théoriquement comme objectif secondaire de faire progresser les salaires, n'aura jamais d'impact favorable sur eux. D'après France Stratégie[4], il aura uniquement permis une augmentation de la rémunération de quelques-uns : cadres et professions intermédiaires.

---

3. Cité par *La voix du Nord*, « Pouvoir d'achat : avec la hausse annoncée, à combien sera le SMIC ? », 10 décembre 2018.
4. France Stratégie, Conclusions du comité de suivi du CICE, 4 octobre 2017.

Résultat : une chute brutale du pouvoir d'achat dès le début de quinquennat, avant que celui-ci ne connaisse une remontée graduelle[5], insuffisante cependant pour inverser la tendance sur cinq ans : le pouvoir d'achat n'augmente en définitive que de +1,08 % à partir de 2014, bien loin de son rythme d'avant crise, mais aussi de la moyenne européenne (+2,1 %) et de sa progression observée en France (+1,6 %).

Durant les trois dernières années, François Hollande aura beau faire, en décidant un allègement de l'impôt sur les revenus pour les plus modestes ainsi que des mesures ciblées en faveur du pouvoir d'achat (comme le dégel du point d'indice de la fonction publique, décidé en mars 2016), il est déjà trop tard.

Seul le faible niveau d'inflation observé en fin de période (2015-2017) évitera au pouvoir d'achat des Français de sombrer totalement.

Empêché de se présenter à sa propre succession en mai 2017, notamment pour n'avoir pas su « inverser la courbe du chômage », François Hollande cède à son tour sa place rue du Faubourg Saint-Honoré à son ancien ministre de l'Économie, souvent regardé – ironie du sort – comme l'un des pères du CICE… Le ministre de François Hollande avait mené à Bercy une politique de l'offre qui avait abouti à l'adoption au forceps de son projet de loi pour la croissance, l'activité et l'égalité des chances économiques, promulgué le 6 août 2015.

Après avoir quitté le gouvernement l'année suivante, créé son propre parti puis déclaré sa candidature à l'élection présidentielle, l'ancien Secrétaire général adjoint de l'Élysée comprend qu'il va devoir élargir sa base électorale, jusque-là principalement constituée d'entrepreneurs qui lui sont reconnaissants de ses initiatives pro-business au ministère de l'Économie et des Finances.

5. Groupe Alpha, mai 2018.

Le programme du candidat Emmanuel Macron comporte un subtil dosage entre des mesures libérales sur le plan économique (qui se traduiront, après son accession au pouvoir, par les Ordonnances Travail ou encore les grands chapitres de la loi « PACTE » adoptée au printemps 2019) et des mesures plus progressistes.

Le chapitre « pouvoir d'achat » du candidat d'En Marche en 2017 est ainsi très fourni avec huit grandes mesures réparties en trois objectifs prioritaires : « soutenir le pouvoir d'achat des classes moyennes et populaires » (objectif 1), « soutenir le pouvoir d'achat des actifs » (objectif 2) et « soutenir le pouvoir d'achat des plus modestes » (objectif 3)[6].

Personne n'est oublié : les retraités modestes (avec une revalorisation du minimum vieillesse), les personnes en situation de handicap, les salariés touchant le smic (avec le projet d'une revalorisation de 80 euros de la prime d'activité), mais aussi « la classe moyenne », avec l'annonce de l'objectif d'un rétablissement des exonérations de cotisations sociales sur les heures supplémentaires.

Un retour à une pratique sarkozyste sur les heures supplémentaires, qui va connaître un coup d'accélération avec la revendication de pouvoir d'achat s'exprimant à l'occasion de la crise des Gilets jaunes : dès le 25 janvier 2019, un décret met en place les heures supplémentaires « sans impôt ni charge », avec à la clé un revenu additionnel d'environ 400 euros par personne et par an.

Dans son argumentaire de campagne, le candidat n'avait pas évoqué directement la question des salaires, tout en rappelant qu'« aujourd'hui, les actifs ne sont pas rémunérés à la hauteur de leurs efforts ». Un problème qu'il entend résoudre par une voie

6. Programme d'Emmanuel Macron sur le pouvoir d'achat, https://en-marche.fr/emmanuel-macron/le-programme/pouvoir-d-achat

complémentaire à celle des heures supplémentaires : la réduction des cotisations salariales. Effectivement mise en œuvre en janvier puis en octobre 2018, mais passée assez largement inaperçue du fait de son application progressive (plutôt que d'un seul coup) et de son financement par une augmentation de la CSG, perçue par beaucoup comme une atteinte forte au pouvoir d'achat.

Emmanuel Macron ne croit guère aux possibilités de relever le niveau de vie des Français en passant par la voie salariale. Il se range assez vite aux arguments des libéraux sur la double impossibilité pratique d'augmenter le smic sans dégrader l'emploi des moins qualifiés et celle plus générale de revaloriser les rémunérations à contexte de productivité et de compétitivité inchangé.

Si l'hypothèse de revalorisation du salaire minimum (et des bas salaires plus globalement) a longtemps irrité l'actuel chef de l'État, c'est parce que le salaire minimum dans l'hexagone est déjà élevé par rapport au salaire médian (61,8 %), tendance qu'on n'observe ni aux États-Unis (33,7 %) ni même dans les principales économies européennes où il ne dépasse guère la barre des 40 % (Allemagne 47,8 % par exemple)[7].

Emmanuel Macron et Edouard Philippe, qui lui-même vient d'un parti de droite généralement hostile aux « coups de pouce » sur les bas revenus, sont tous deux réceptifs aux affirmations de l'économiste Patrick Artus qui, de publication en publication pour le compte de Natixis, ne cesse d'asséner un argument qui fait mouche auprès des gouvernements successifs depuis Nicolas Sarkozy et François Hollande : il y a une « forte sensibilité du travail non qualifié au coût du travail non qualifié ». Un avertissement chargé de dissuader toute revalorisation des bas salaires en général. « La hausse du salaire minimum en France, écrit l'ancien

7. Natixis, « Peut-on augmenter les plus bas salaires dans les pays de la zone euro ? », *Flash Économie*, 9 janvier 2019.

chef économiste de Natixis, aggraverait encore le chômage des peu qualifiés[8]. » Depuis lors, on sait que le même Patrick Artus s'est fait le chantre de la « sortie de l'austérité salariale », invitant d'abord à constater l'impuissance des armes pour y parvenir sans casse, c'est-à-dire sans avoir à bousculer l'ordre monétaire en place (politique accommodante de la BCE)[9], avant de faire volte-face quelques mois plus tard en proposant de mieux payer les emplois peu ou pas qualifiés[10].

Une ligne qui aura pesé et pèse aujourd'hui encore sur la décision publique. Car plutôt que d'engager un vrai débat sur le juste niveau des rémunérations, elle invite les gouvernements successifs jusqu'à ceux d'Edouard Philippe puis de Jean Castex à le retarder, voire à l'enterrer.

On pouvait penser que la crise des Gilets jaunes et la revendication de pouvoir d'achat qui en a résulté auraient changé la donne sur ce point. Il n'en est rien.

Ainsi, lorsque le président de la République se présente devant les Français le 10 décembre 2018 pour leur faire part des réponses qu'il a prévu d'apporter à la crise sociale, il n'évoque pas frontalement la question du niveau des salaires. Les salariés à faible rémunération ne devront en définitive leur salut dans les mesures économiques d'urgence alors annoncées qu'à des dispositions indirectes.

---

8. Natixis, « Peut-on encore augmenter les salaires ? », *Flash Économie*, n°1417, décembre 2018.
9. Artus Patrick, *40 ans d'austérité salariale, comment en sortir ?*, Odile Jacob, décembre 2020.
10. Artus Patrick et Virard Marie-Paule, *Pour en finir avec le déclin, Les priorités économiques et sociales de la France*, Odile Jacob, mars 2022.

Tous les « coups de pouce » au smic depuis 1981

Juillet 2012. Hausse du smic de +2 % à l'arrivée de François Hollande (dont 1,4 au titre de l'inflation et 0,6 de coup de pouce) – gouvernement Ayrault

Juillet 2006. Hausse de +3,05 % dont 0,3 point au titre du coup de pouce – gouvernement de Villepin

2003-2005. Harmonisation progressive des smic (smic et 5 garanties mensuelles de rémunération issues des 35 heures), aboutissant à une augmentation de +17,6 % du salaire horaire le plus bas en trois ans – gouvernements Raffarin et de Villepin

2001. +4,05 % dont 0,29 point au-delà de la revalorisation mécanique par salarié aux 35 heures – gouvernement Jospin

1998. +2 % dont 0,5 point de coup de pouce – gouvernement Jospin

1997. +4 % dont 2,26 points d'effort supplémentaire, le coup de pouce le plus fort depuis 1981 – gouvernement Jospin

1996. +0,5 point en juillet, dont 0,16 point de coup de pouce, après +2 % en mai -gouvernement Juppé

1995. +4 % pour le smic, dont 2,2 points de coup de pouce – gouvernement Juppé

1981. Coup de pouce de 10 % – gouvernement Mauroy

Source : Le Figaro, 10 décembre 2018.

Dans l'arsenal présidentiel, la revalorisation de la prime d'activité se veut une incitation supplémentaire à travailler pour les plus bas revenus. En 2020, le nombre de bénéficiaires de la prime créée sous François Hollande explose littéralement

(+77 000) pour toucher 4,43 millions de foyers. Gain net moyen pour le salarié éligible : environ 70 euros par mois.

La prime coûte à l'État la bagatelle de 9 milliards en année pleine, mais permet d'augmenter les revenus des salariés qui perçoivent le salaire minimum sans toucher au smic et sans augmenter le coût du travail. Politiquement subtile. Économiquement plutôt indolore.

Car cette réponse ciselée s'est accompagnée d'un second dispositif esquivant la question du niveau des rémunérations : pour soutenir le pouvoir d'achat des travailleurs à revenu faible ou intermédiaire, la loi portant mesures d'urgence économiques et sociales (MUES) adoptée le 21 décembre 2018 a intégré une prime exceptionnelle totalement défiscalisée (impôts, charges sociales, CSG-CRDS) jusqu'à 1 000 euros pour les salariés gagnant moins de trois fois le smic. C'est la prime dite « Macron ».

Une mesure qui a certes profité à 5,5 millions de salariés (pour un montant moyen de prime de 400 euros), mais qui elle-même évite l'ouverture du débat sur les revenus du travail…

En effet, jusqu'en sortie de pandémie, aucun débat sérieux n'est ouvert sur les salaires en France alors que beaucoup d'actifs ont dû se serrer la ceinture, compte tenu notamment des mesures d'activité partielle mises (opportunément) sur la table par le gouvernement au plus fort de la crise en 2020.

Au cours de son premier quinquennat, Emmanuel Macron a privilégié d'autres options pour soutenir le pouvoir d'achat des Français. Avec un certain succès d'ailleurs, puisqu'entre le premier trimestre 2017 et le quatrième trimestre 2021, le pouvoir d'achat a augmenté de 6 %, grâce à une mesure phare : la suppression de la taxe d'habitation pour quatre foyers sur cinq. Avec des effets conséquents puisqu'elle devrait représenter 18 milliards d'euros par an de pouvoir d'achat supplémentaire à partir de 2023. Le chef de l'État, après la crise des Gilets jaunes, mettra également sur la table beaucoup d'autres mesures, de l'annulation de la hausse de la taxe carbone à l'allègement de l'impôt sur le revenu pour près de 17 millions de foyers, en passant par l'élargissement et la revalorisation de la prime d'activité (100 euros de plus pour un salarié au smic), la défiscalisation des heures supplémentaires ou encore la suppression de l'augmentation de la CSG pour certains retraités.

Des efforts dont les résultats ont été progressivement grignotés par l'épidémie de Covid-19 avant d'être très entamés par le regain d'inflation et la guerre en Ukraine.

Pendant tout ce temps, et malgré quelques timides revendications sociales un peu partout au premier trimestre 2022, un silence assourdissant s'est durablement installé en guise de débat salarial. Pour deux raisons économiques complémentaires, brandies par les libéraux, et que les gouvernements ont admises, sans vraiment les « challenger » depuis quinze ans.

Première considération : pas question d'augmenter davantage les salaires réels alors que ceux-ci ont déjà augmenté plus vite que la productivité ces dernières années. Argument sous-jacent : c'est pour avoir laissé filer les salaires que s'explique aujourd'hui l'insuffisante profitabilité des entreprises, et donc leur difficulté à investir autrement que par endettement. Conclusion : la relance de la dynamique salariale retarderait la modernisation de l'appareil productif.

Seconde considération censée clouer le bec à tous ceux qui afficheraient un autre regard sur le niveau des salaires : le coût du travail en France est déjà trop élevé compte tenu du niveau de gamme de notre économie. Augmenter significativement les salaires aboutirait à nous faire perdre des parts de marché supplémentaires par rapport à nos voisins allemands (dont le niveau de gamme est plus élevé) et espagnols (dont les coûts de production sont plus faibles).

Des arguments apparemment imparables. Au point que les partisans du relèvement des salaires semblent parfois pétrifiés à l'idée de se brûler les doigts face à cette double démonstration. Et si on finissait par les accuser de vouloir retarder les ajustements de l'économie française en exigeant un relèvement des revenus du travail ?

D'autant qu'en face on ne lésine pas sur les moyens et qu'on fait feu de tout bois pour étayer la démonstration économique pour repousser toute perspective de relèvement des rémunérations.

Ainsi, le théorème allemand de la modération salariale et des succès commerciaux qu'il a permis est-il remis régulièrement à toutes les sauces. Un chiffre est d'ailleurs censé marquer les esprits, celui de la mesure d'impact de la divergence entre les salaires allemands et ceux de ce côté du Rhin dans les années 2000 : Xavier Ragot estime par exemple que la modération salariale allemande aurait coûté quelque « deux points au chômage en France[11] ».

Raisonnement sous-jacent : sortir de la route de la discipline salariale serait suicidaire. Car après tout, si la rigueur salariale outre-Rhin a permis à la première économie du continent de se hisser en une décennie au rang de première puissance exportatrice du monde, tandis que la France « possède la balance courante la plus faible de la zone euro », pourquoi changer de cap maintenant et ouvrir la boîte de pandore des salaires ?

Alors, chacun est tenté de ranger les couteaux dans le tiroir, sans doute de peur de se blesser à l'occasion d'un débat que tout le monde n'a pas forcément intérêt ou envie de raviver…

C'est ainsi que la modération salariale reste la pensée dominante sur les rémunérations aujourd'hui. Pour boucler la boucle, il suffit d'ajouter qu'avec un niveau de chômage encore significatif, notamment chez les jeunes, la priorité absolue ne peut être

11. Ragot Xavier, *Civiliser le capitalisme*, Fayard, 2019, p. 50.

que l'emploi. Et pour développer l'emploi… il faut contenir les salaires. Circulez... il n'y a rien à voir. Encore moins à espérer.

Au nom de l'impératif de compétitivité, est-il raisonnable de brider ainsi le débat sur les salaires ? Des arguments sérieux existent pour condamner cette posture et inviter à une discussion raisonnable autour des revenus du travail en 2023.

D'abord, on ne peut passer sous silence que l'Allemagne de l'ex-chancelière Angela Merkel a commencé à mettre de l'eau dans son vin sur la question des salaires. À Berlin, on a aussi fini par comprendre que la modération salariale n'a pas pour seul effet le boom des exportations. Elle est aussi responsable du creusement des inégalités et de l'affaiblissement du commerce extérieur de ses voisins. Des conséquences qui invitent à se demander si un fléchissement salarial durable est aussi vertueux qu'on pourrait l'imaginer en première analyse.

Seconde dimension du débat : la modération salariale pratiquée dans notre pays dans la dernière décennie a-t-elle conduit jusqu'à présent à un rétablissement de la compétitivité française, objectif qu'elle est censée servir ?

La baisse de la part salariale ne permet, en réalité, de dynamiser la compétitivité que si la reconstitution du taux de marge qu'elle permet pour les entreprises contribue à l'élargissement des capacités productives de ces dernières *via* un supplément important d'investissement. Or, entre les périodes 2003-2006 et 2012-2015, les dépenses d'investissement en machines et équipements ont baissé de 21 % en France, ce qui s'explique aussi par la désindustrialisation, alors qu'elles augmentaient de 19 % en Allemagne. Reste que le redressement de l'investissement productif dans notre pays est récent et inachevé. Ce qui explique qu'il n'a pas permis à notre économie de rattraper pour l'instant son retard, de monter en gamme ni de restaurer ses parts de marché sur la scène commerciale mondiale et européenne.

Cette évolution de nature a alimenté la contestation portant sur la déformation du partage des revenus au seul bénéfice des actionnaires. En 2021, un montant record de 1 460 milliards de dollars devait être distribué au niveau mondial sous forme de dividendes aux actionnaires malgré la crise de Covid-19, selon la société de gestion de fonds Janus Henderson Investors[12].

Les pays du G7, comme le dénoncent les organisations altermondialistes, n'ont-ils pas eu tendance à mettre en place une politique favorisant le versement des dividendes au détriment des salaires ?

Une hypothèse sérieusement validée sur les années 1982 à 2008 en France : au cours de cette période, la baisse de 9,1 points de la part salariale dans la valeur ajoutée, a conduit à une augmentation de 5,2 points de la part des dividendes nets (dividendes versés moins dividendes reçus), tandis que la part du profit retenu (excédent brut d'exploitation après dividendes) n'a augmenté que de 3,9 points, d'après les calculs certes engagés mais à ne pas négliger de Michel Husson[13].

La France ressort d'ailleurs d'une étude antérieure conduite par Janus Henderson comme étant « de loin le plus grand payeur de dividendes en Europe » pour 2019, la dernière année d'avant crise. Si les dividendes continuaient d'augmenter plus vite que la croissance, rien n'empêche de penser qu'il pourrait en résulter un enchaînement macro-économique assez peu vertueux et même, pour le dire franchement, très déstabilisateur. Car la baisse de la part des salaires à long terme peut être regardée aussi comme une source de déséquilibre et même d'apparition des crises, car susceptible d'alimenter les bulles financières en gonflant les profits non investis et d'inciter ainsi à un surendettement (aujourd'hui effectivement très élevé) pour compenser le recul salarial.

12. Janus Henderson Investors, données disponibles au 30 septembre 2021.
13. Husson Michel, *ibidem*, 2010, p. 63.

Le consensus mou autour de la modération salariale nous expose aussi à d'autres risques. Ainsi, comme le relève Philippe Askenazy[14], si le pouvoir de négociation des salariés devait continuer de s'affaiblir (dans le prolongement de l'affaiblissement des syndicats et des réformes du marché du travail), la mise « sous contrôle » des salaires qui pourrait en résulter pourrait amener les entreprises à moins se soucier de l'objectif d'innovation pour continuer à gagner de l'argent. Cette mécanique implacable pourrait déboucher sur une réduction supplémentaire des gains de productivité, alors que la dynamique de productivité est un facteur déterminant à long terme de la bonne tenue des salaires réels. Ce cercle vicieux peut toucher effectivement une partie de notre appareil productif. À commencer par celle qui n'a pas encore effectué sa transformation numérique et a déjà tendance à rester en retrait de la dynamique d'innovation. Probablement trois à quatre PME françaises sur dix, qu'on doit par conséquent particulièrement soutenir dans leur transformation.

La question qu'on doit se poser est donc la suivante : la modération salariale doit-elle rester l'horizon unique et irréversible du redressement de l'économie française ? Sans nier l'évidence de l'impératif productif, sans lequel aucun redressement tangible des revenus du travail ne semble véritablement possible à moyen terme, faut-il faire l'économie d'une vraie confrontation des idées sur un sujet qui touche plus que tout autre au quotidien des Français, et détermine aussi par les orientations que le débat fera naître à la fois l'efficacité économique et la cohésion sociale de notre nation ?

Renoncer au débat sur les salaires pourrait bien nous exposer au double risque d'une fragilisation de notre contrat

14. Askenazy Philippe, « Augmenter les salaires, mission impossible ? », *La Croix*, 4 janvier 2019.

social et d'un report de certains ajustements macroéconomiques que le niveau général des prix actuel et du chômage justifient aujourd'hui.

Je le dis clairement : le débat est absolument nécessaire. Et ceux qui font valoir l'intérêt de sortir de la modération salariale érigée en dogme trouvent encore du renfort dans la théorie économique moderne, avec la mise à jour du concept de « salaire d'efficience ». Une notion qui se trouve au fondement du modèle Shapiro-Stiglitz (1984). L'idée sous-jacente est simple à comprendre : il est souhaitable d'augmenter la rémunération de la main-d'œuvre afin de prétendre réduire le phénomène dit de « sélection adverse » puisque l'augmentation de la rémunération attire en moyenne des collaborateurs davantage productifs. *A contrario*, lorsque le salaire est trop faible, la main-d'œuvre productive préfère passer plus de temps à trouver un emploi afin d'obtenir une rémunération qui conviendrait davantage à sa productivité.

Dernier argument choc : le salaire d'efficience permet de réduire le risque d'« aléa moral ». En effet, la rémunération du poste étant élevée, les salariés ne souhaiteront pas être licenciés si jamais l'on découvrait qu'ils ne fournissent qu'un faible niveau d'effort puisque cela reviendrait, *in fine*, à devoir trouver un emploi pour lequel la rémunération serait plus faible...

À méditer par les défenseurs de l'écrasement salarial car une stratégie d'augmentation des revenus du travail peut être un moyen pour l'employeur d'augmenter la productivité de la main-d'œuvre tout en réduisant les coûts liés à la rotation de celle-ci (coûts de licenciement, coûts de recherche d'une autre personne pour occuper le poste, etc.).

Y a-t-il d'autres bonnes raisons d'espérer, au vu des nouvelles pratiques européennes, que ce débat s'entrouvre dans les prochains mois ? Une brèche s'ouvre-t-elle sur le front salarial ?

Un premier verrou qui tombe en Europe : la question du salaire minimum

Après des années d'austérité salariale pure, généralement mise sur le compte de la volonté des gouvernements européens d'accélérer la sortie de crise, il y a quelques premiers signes d'esquisse de reprise du débat sur les revenus du travail.

Et la lumière ne vient pas toujours de là où on l'attendait...

D'ordinaire, et sans tomber dans la caricature, on prête aux partis d'inspiration sociale-démocrate une sympathie pour l'idée d'augmentation des salaires dans le cadre d'une politique de soutien à la demande, là où l'on accorde généralement aux partis libéraux l'intention prioritaire de promouvoir une politique de « l'offre », s'accordant mieux avec l'idée de variations de salaires modérés.

Un clivage qui a partiellement éclaté après les initiatives prises par les gouvernements conservateurs installés au Royaume-Uni dans la dernière décennie après la longue période dominée par les travaillistes autour de Tony Blair.

Face à une équation économique en apparence impossible à résoudre – comment susciter une hausse des rémunérations sans pénaliser la croissance et la rémunération du capital ? – ils vont se résoudre à l'impensable pour des héritiers des théories du libre marché : activer le levier du salaire minimum.

Au 10 Downing Street, c'est la voie du pragmatisme qui l'emporte, avec le relèvement du salaire minimum en 2015 pour les plus de 21 ans. Mais les conservateurs vont franchir un palier de plus en procédant dès l'année suivante à la substitution au salaire minimum d'un nouveau concept économique et social : le « Living Wage » (ou salaire suffisant pour mener une vie décente) au profit des plus de 25 ans. En clair, un authentique coup de pouce salarial qui s'est traduit par le relèvement du minimum salarial, passé pour la majorité des salariés de 6,70 à 7,20 livres brutes de l'heure[15].

Une ouverture économique dont on ne pensait pas forcément capable non plus la très puissante Allemagne de la chancelière Angela Merkel. Et pourtant ! Celle-ci enfile les souliers britanniques pour introduire à son tour un salaire minimum à partir de 2015. Une concession politique aux exigences du Sozialdemokratische Partei Deutschlands (SPD) qui semblait parfaitement improbable douze ou vingt-quatre mois plus tôt, dans un pays où la société a payé au prix fort le volontarisme politique de la décennie précédente visant à contenir les salaires. Un volontarisme qui a eu pour contrepartie tragique de creuser nettement les inégalités de revenus au sein de la population allemande…

À ce jeu de dominos, tous les grands pays de l'Union européenne vont tomber les uns après les autres.

Plus au sud de l'Europe, les gouvernements portugais et espagnols reviennent à leur tour sur la position de leurs prédécesseurs, alors que l'air leur manque avec la montée de la pression sociale sur eux.

En Espagne, la décision du gouvernement de Pedro Sanchez d'augmenter le salaire minimum de plus de 30 % en trois ans sonne comme un aveu politique : la politique de gel des salaires commençait à être de moins en moins supportable, alors qu'engagée pendant la crise, elle s'est *de facto* poursuivie après le retour de la croissance à partir de 2014. Avec un smic passant de 735,90 euros quatre ans plus tard pour arriver à 1 000 euros sur quatorze mois en 2022, l'Espagne rejoint ainsi le groupe des sept pays de l'Union européenne (France, Italie, Benelux, îles britanniques) à disposer d'un salaire minimum ayant atteint ou dépassé ce cap.

15. Askenazy Philippe, *Partager les richesses*, Odile Jacob, mai 2019.

À la suite de négociations budgétaires compliquées entre le gouvernement d'António Costa et le Parlement, la coalition au pouvoir au Portugal a également pris la décision de relever nettement le salaire minimum, dont le niveau est passé de 740,80 euros en 2020 à 822,50 euros aujourd'hui. Une aubaine pour 880 000 travailleurs (un cinquième de la population active) touchant le salaire minimum.

Les Européens marcheraient-ils sur la tête ? Qu'en pense-t-on de l'autre côté de l'Atlantique ?

Le débat y est virulent entre les tenants de l'orthodoxie libérale, qui ne cèderont pas d'un pouce sur la question des salaires, et ceux qui commencent à marquer des points au sein du plus grand marché mondial en présentant les avantages du relèvement du salaire minimum.

Pendant longtemps, rien ne semblait pouvoir changer chez l'oncle Sam, avec un salaire minimal bloqué au niveau fédéral à 7,25 dollars l'heure (environ 6,48 euros) depuis plus d'une décennie, occasionnant des pertes de pouvoir d'achat sur la période estimée parfois jusqu'à 16 % pour les salariés modestes des États-Unis.

Une situation que comprenaient de moins en moins nombre d'élus américains, avec une croissance gavée par les mesures fiscales de Donald Trump et un niveau de chômage bas.

Aussi, depuis plusieurs années, ce sont les villes américaines qui se mobilisaient pour que les fruits de la croissance bénéficient au plus grand nombre. Vingt-neuf d'entre elles avaient ainsi décidé de relever progressivement le salaire minimum pour atteindre progressivement le montant de 16 dollars l'heure, niveau déjà atteint à New-York et dépassé à Seattle.

Avec des résultats notoires. Sur la période 2013-2018, les 10 % de salariés les moins bien payés avaient vu leur salaire augmenter de 13 % dans les États ayant relevé le smic contre seulement 8 % dans les autres.

Un projet de loi intitulé « Raise The Wage Act » soutenu par plus de 190 députés démocrates avait par ailleurs été déposé le 16 janvier 2019. Il prévoyait une hausse du salaire horaire minimum en six paliers, jusqu'à atteindre 15 dollars cinq ans après l'adoption du texte. Au Sénat, une proposition similaire avait été introduite dès mai 2017 par Bernie Sanders, avec l'appui d'une trentaine de sénateurs démocrates[16]. Toujours avec l'opposition des républicains.

Désormais, l'administration Biden au pouvoir met en avant les avantages d'une telle évolution : rémunérer mieux ceux qui ont les salaires les plus bas favoriserait la consommation et donc les petites entreprises. Le doublement du taux horaire (à 15 dollars) d'ici 2025 augmenterait les salaires de plus de 27 millions de personnes et sortirait 1,3 million d'entre elles de la pauvreté, d'après l'Office du budget du Congrès.

On ne sait évidemment pas exactement jusqu'où la donne sur les salaires pourra s'inverser outre-Atlantique. Car il y a d'un côté les bons gestes et de l'autre des pratiques d'un autre temps. À l'autre bout de l'échelle des revenus, une enquête sur les écarts de salaires montrait il n'y a pas si longtemps encore, par exemple, que les grands patrons de cent des deux-cents plus grandes entreprises gagnaient en moyenne 254 fois plus que le salaire médian de leurs salariés (contre 235 fois en 2017)[17].

Non seulement beaucoup reste à faire pour réduire les écarts de rémunération les plus excessifs, mais il est également assez probable que les parlementaires les plus conservateurs parviennent à sauver encore pour un temps la doctrine ultra-libérale sur les salaires. Ainsi, les opposants au passage du salaire minimum (fédéral) à 15 dollars soulignent qu'il aurait aussi pour effet (prohibitif) de provoquer la perte de 1,3 million d'emplois.

---

16. Autran Frédéric, « Aux Etats-Unis, le SMIC à 15 dollars gagne du terrain », *Libération*, 30 mars 2019.
17. Equilar 100: CEO Pay at the Largest Companies by Revenue, juin 2019.

Une leçon se dégage de ces observations : aux États-Unis comme en Europe, plutôt que d'aborder frontalement la question des niveaux de salaire dans leur globalité, les gouvernements semblent avoir plutôt opté en faveur d'un scénario moins difficile, en s'attaquant à la seule vitrine des rémunérations, le salaire minimal.

La concurrence à laquelle se livrent encore les pays européens les prive pourtant d'aller un cran plus loin sur la question du salaire minimum.

D'une part, six pays sur vingt-sept États membres ne disposent pas encore d'une législation nationale établissant un salaire minimum, mais seulement un salaire minimum par branches ou des salaires minimums déterminés par négociation entre les partenaires sociaux.

D'autre part, le salaire minimum varie encore fortement au sein des États membres qui l'ont instauré : de 332 euros mensuels bruts en Bulgarie à plus de 2 200 euros au Luxembourg[18].

Si l'idée d'un « salaire minimum européen » fait son chemin, elle est encore loin de se concrétiser…

Ceux qui la défendent font justement valoir que sa mise en place permettrait d'avancer sur deux questions majeures : la juste rémunération du travail et la convergence du niveau de vie au sein de l'Union. Car actuellement, les différences de salaires entre pays européens sont considérables. Ainsi, en 2017, le salaire mensuel moyen dans les pays du Nord-Ouest était de 1 654 euros, de 1 280 euros au Sud, de 955 euros à l'Est et il n'atteint que 668 euros en Bulgarie ou en Roumanie.

Comme le déclarait à la presse le secrétaire confédéral de la Confédération européenne des syndicats, Thibaut Weber il y a

18. Eurostat, Statistiques sur le salaire minimum en Europe, janvier 2021.

trois ans, « ne rien faire pour combler ces écarts, c'est permettre la mise en concurrence des États et le *dumping social*[19] ».

Ce projet a en tout cas franchi un nouveau palier cette année sous-présidence française de l'Union européenne : le projet de directive relative aux salaires minimaux adéquats de l'Union (juin 2022), faute d'instaurer un smic européen généralisé, fixe déjà un cadre devant faciliter une progression régulière du salaire minimum. Avec des critères d'appréciation de cette progression à la clé : pouvoir d'achat, inflation, productivité, etc.

Le débat refait aussi surface en France depuis que l'économiste Patrick Artus a émis publiquement des doutes sur la réalité des destructions d'emplois qui seraient causées par l'augmentation du salaire minimum dans les pays occidentaux[20]. Une certitude qui commence à vaciller après des décennies de lessivage de cerveau à l'initiative de quelques économistes puissamment libéraux...

De toute manière, le salaire minimum européen ne réglera pas tout. Mais à une époque où les inégalités sociales et les différences de revenus entre pays et en leur sein nourrissent un peu partout la colère des citoyens dont les mouvements populistes tirent parti, sa concrétisation pourrait faire baisser un peu le niveau de tension sociale.

Surtout, le salaire minimal en Europe, comme le smic en France, ne peut pas devenir l'arbre d'une dynamique salariale qui cacherait l'immense forêt de la stagnation des revenus du travail. Le commissaire européen à l'emploi, Nicolas Schmit, déclarait encore il y a peu que « l'Europe ne peut pas être le continent où des gens ne peuvent vivre de leurs salaires[21] ».

---

19. « Il est urgent de créer un salaire minimum européen », *La Croix*, 8 avril 2019.
20. Rapporté par le journal *Le Monde* in, « Augmenter le SMIC : le débat refait surface chez les économistes », 9 mai 2022.
21. Nicolas Schmit, décembre 2021.

Nous n'avons pas à nous résigner à voir la rémunération du travail battre de l'aile et les écarts de salaires exploser. Dans la lutte qui reste à mener, il n'est pas non plus question de céder à la facilité en opposant les intérêts de la compétitivité des entreprises et ceux des salariés. Ni d'opposer les uns aux autres. De sorte que le seul choix qui se présenterait à nous serait de regagner en compétitivité pour perdre en salaires, ou de relever les salaires au détriment de la compétitivité. La vision simpliste qui consiste à opposer ainsi en permanence la politique de l'offre à la politique de la demande est parfaitement disqualifiée.

Une « troisième voie » reste possible. Encore faut-il que les courants réformistes et progressistes s'unissent pour faire émerger un nouveau pacte salarial pour 2023. Mais autour de quels principes bâtir ce nouveau contrat salarial ?

Chapitre 6

Illusions perdues du quoi qu'il en coûte salarial

Deux illusions, tout aussi dangereuses l'une que l'autre, doivent être dénoncées.

La première, aussi fausse économiquement que fatale pour les conséquences sociales qu'elle entraîne, serait de continuer de laisser croire que l'austérité salariale est l'unique chemin vers la prospérité économique. Qu'en compressant les salaires méticuleusement et durablement, notre pays serait au rendez-vous de l'histoire et mieux préparé à engager son redressement productif et commercial.

Depuis quinze ans, derrière le vocable bien commode de « coût du travail », la France n'a pas su résister à la tentation de présenter le salaire comme une entrave à la croissance et de légitimer ainsi une politique de restauration de sa compétitivité fondée sur un dogme de modération salariale, alors que beaucoup d'autres dimensions entrent dans l'équation de la performance commerciale et de l'emploi que les seuls salaires.

La seconde illusion, aussi généreuse dans ses intentions soit-elle, serait – symétriquement – de suggérer que le salaire venant en appui à la croissance et à l'emploi (ce qui est vrai, *via* la « demande » qu'elle induit à notre appareil productif), on peut justifier n'importe quelle hausse salariale. C'est l'illusion de l'argent magique.

La première tentation conduit à une course effrénée vers le moins-disant salarial, tandis que la seconde nous berce d'illusion autour d'un coupable « quoi qu'il en coûte salarial », porte ouverte en réalité à des dérives économiques certaines, qui nuiraient au bout du compte au pouvoir d'achat des Français.

Avant de proposer une conciliation entre l'objectif d'élévation de notre productivité et celui de desserrement de l'étau salarial, dans le cadre d'un « compromis productif et salarial » offrant la possibilité de viser l'un et l'autre, je veux réfuter sans concession la théorie du « salaire ennemi de l'emploi » avant de dénoncer avec la même vigueur son opposé : le « quoi qu'il en coûte salarial ».

Une illusion d'optique : le salaire présenté comme ennemi de la croissance et de l'emploi

Les gains de productivité par tête fondent comme neige au soleil, au point qu'en 2019 (-0,8 %) et 2020 (-4,3 %), ils ont été très largement négatifs pour l'économie française selon la Banque de France.

Au motif que les salaires réels ne doivent pas augmenter plus vite que la productivité, doit-on laisser de côté l'ambition légitime d'améliorer le pouvoir d'achat des Français ?

Sommes-nous irrémédiablement condamnés à voir leur niveau de vie se dégrader ? Buter puis s'effondrer sous la pression combinée d'une croissance faible, de gains de productivité qui dégringolent et, finalement, de salaires en berne ?

Tableau 5 – Évolution des salaires et de la productivité dans le secteur marchand

(glissement sur un temps au T4 de l'année)	**2019**	**2020**	**2021**	**2022**	**2023**	**2024**
Déflateur de la valeur ajoutée	1,2	2,3	0,4	1,3	1,6	1,6
Coûts salariaux unitaires (CSU)	-0,6	2,6	1,7	1,9	1,3	1,6
Productivité par tête	-0,8	-4,3	3,5	2,9	1,5	1,2
Salaire moyen par tête, nominal*	1,7	-2,6	6,6	4,4	3,0	2,9
Salaire moyen par tête, réel**	0,9	-2,8	3,9	2,7	1,7	1,6

* La mesure du salaire moyen par tête est fortement perturbée par le dispositif d'activité partielle de 2020 à 2022.

** Déflaté par le déflateur de la consommation des ménages.

Seules les cotisations sociales sont intégrées aux CSU au sens de la comptabilité nationale. Le CICE (crédit d'impôt pour la compétitivité et l'emploi) n'a dont pas d'impact sur cet indicateur : c'est ainsi la baisse des cotisations sociales employeurs mis en place en substitution au CICE qui explique la baisse apparente des CSU en 2019.

Source : Banque de France, projections macroéconomiques, décembre 2021.

La menace généralisée d'une baisse du pouvoir d'achat qui en résulte expose nos sociétés à l'appauvrissement, au creusement des inégalités et finalement à la colère des peuples.

Quand les rémunérations n'augmentent plus, que le travail ne paye plus, c'est aussi le contrat social qui se fissure. Car une fin de mois qui vire au cauchemar pour les classes moyennes et populaires, c'est à chaque fois des réveils difficiles, du stress et des interrogations sur les injustices imputables à notre modèle économique et social.

Qu'on y songe : plus d'un quart des Français (27 % exactement) gagnant moins de 1 500 euros par mois est en dépassement de découvert bancaire mensuellement. Avec une double peine à la clé : devoir trouver dans l'urgence des solutions pour en sortir, et payer – alors qu'ils n'ont plus un sou – plus de 60 euros liés aux frais de dépassement en 2018, un chiffre qui s'emballe depuis plusieurs années…

Il faut dire que notre pays a l'art d'esquiver les solutions aux problèmes quotidiens, en préférant se livrer à des querelles sans fin sur leur origine. Les économistes libéraux nous expliquent à grand renfort de statistiques et de courbes que le salaire des Français doit être flexible, afin de soutenir la politique de « l'offre ». Tandis qu'une autre moitié d'experts jure la main sur le cœur que le salaire est l'auxiliaire rêvé du redressement de la consommation dans le cadre d'une politique de soutien à la « demande ». On tourne en rond. Chacun défendant la supériorité présumée de son paradigme sur l'emploi.

Pendant le temps que durent ces gesticulations, la pauvreté gagne du terrain, pour toucher une personne sur dix, en France. La croissance reste morose. Et plus l'activité se contracte et plus les inégalités se creusent sous l'effet bien identifié par Thomas Piketty du gonflement des revenus générés par le patrimoine au détriment de ceux produits par le travail[1].

Mais pourquoi donc passer l'essentiel de notre temps à ne pas s'écouter les uns les autres et à s'opposer sur ce qui, au fond, est parfaitement indissociable : salaires, croissance, compétitivité et emploi ? Pourquoi diable ceux qui prétendent vouloir restaurer la compétitivité-coût hexagonale rejettent-ils machinalement toute perspective d'augmentation salariale dans la foulée ? Tandis que ceux qui entendent résister à l'austérité salariale se livrent parfois à des attaques aux limites du simplisme contre les prétendues impasses de la politique de l'offre ?

1. Piketty Thomas, *Le capital au XXIe siècle*, Seuil, 2013.

N'y a-t-il place dans notre pays que pour les discours caricaturaux allant de l'altermondialisme arrogant à l'ultra-libéralisme sauvage et insolent ? Sous peine de compromettre définitivement les chances de survie d'un capitalisme, certes résilient, mais un peu à bout de souffle depuis la sortie du « compromis fordiste » au milieu des années 1970, dans lequel cohabitaient si bien production et consommation.

On pourrait discuter jusqu'à la fin des temps des déterminants de la croissance et de l'emploi.

Les libéraux considèrent que le niveau d'emploi est déterminé en grande partie par la croissance et le degré de souplesse observé sur le marché du travail. Plus la concurrence est forte et plus les entreprises sont incitées à embaucher. Ce cadre d'analyse aboutit à considérer la flexibilité des salaires comme un atout pour favoriser l'emploi.

De leur côté, les disciples de Keynes partent du principe opposé que les entreprises n'augmentent leur activité et donc l'emploi que si une demande suffisante de biens et de services leur est adressée. Un raisonnement qui présente l'avantage de « dédiaboliser » le rôle du facteur travail. Car si les salaires augmentent, le niveau de consommation en profitera à la hausse, ce qui alimente une boucle vertueuse favorable à la croissance et à la diminution du chômage.

Que faut-il retenir de cette mauvaise querelle jamais clôturée entre libéraux et keynésiens ?

Deux choses : d'abord que sans profits suffisants, une entreprise ne peut investir, et donc créer des emplois. Et que par conséquent, le salaire peut effectivement être une variable d'ajustement en cas de contraction de l'activité pour ne pas pénaliser l'emploi.

La seconde certitude, c'est qu'en retour les salaires ne sont pas seulement un coût de production ! Ils constituent avant tout un débouché pour l'économie, *via* la consommation qu'ils induisent.

Que se passe-t-il donc si on vient à comprimer exagérément les salaires ?

La modération salariale, en provoquant une baisse de la consommation et donc de la demande anticipée, réduit le taux d'utilisation des capacités existantes, ce qui peut freiner l'investissement.

Certains observateurs considèrent même que cet effet dépressif[2] l'emporte sur l'effet positif de la limitation des salaires sur le rétablissement des marges et la profitabilité du capital productif.

Ce qui est certain, c'est que lorsque les salaires diminuent, il en résulte une baisse de la demande intérieure. Et que celle-ci peut s'accompagner d'une hausse du taux de chômage, comme une étude de référence sur les données britanniques sur longue période le montrait déjà en 1958[3].

Un problème d'autant plus épineux dans un pays comme la France dans lequel le poids de la consommation est particulièrement élevé, en comparaison de son voisin allemand, dont le développement repose dans des proportions bien plus fortes sur la demande extérieure, c'est-à-dire les exportations.

Dans le contexte international actuel marqué par la guerre commerciale qui faisait rage entre les États-Unis et la Chine en 2019 et désormais entre les pays occidentaux et la Russie, le fait de pouvoir disposer comme c'est notre cas d'un relais de croissance interne, *via* la consommation, agit comme un filet de sécurité économique très important.

Tandis que l'Allemagne, qui vend beaucoup en Chine dont l'économie tourne désormais au ralenti, peine à retrouver son

2. Allain Olivier, « Résister à l'austérité salariale », *Appel des 138 économistes, Sortir de l'impasse*, Les Liens qui Libèrent, 2015, p. 143.
3. Phillips A. William, « The Relationship between Unemployment and the Rate of Change of Money Wages in the UK, 1861-1957 », *Econometrica*, vol. 25, n°100, 1958.

rythme de production d'antan et n'a affiché qu'un modeste +2,7 % de croissance en 2021, la France s'est relevée beaucoup plus vite de la pandémie (+7,1 % sur la même période).

Un écart de performance entre les deux pays encore accentué par le caractère atypique de notre modèle économique : la demande intérieure se tient bien aussi sous l'effet des mesures destinées à soutenir le pouvoir d'achat après le mouvement des Gilets jaunes. Malgré des revenus du travail amputés par la mise en activité partielle au plus fort de la pandémie, le salaire joue bien à l'intérieur de nos frontières un rôle d'amortisseur en cas de retournement conjoncturel.

Les salaires et la consommation ne sont donc pas l'ennemi de la croissance et de l'emploi[4] !

Cette conviction est de plus en plus partagée par nos dirigeants. Conscient de cela, le président Emmanuel Macron avait déjà évoqué avec Angela Merkel, avant que la crise n'éclate, la question de la « relance » de l'économie[5].

Un sujet sensible pour la chancelière allemande car on se souvient que six ans plus tôt, pour justifier son refus d'engager son pays dans l'aventure du salaire minimum, elle n'avait pas hésité à en caricaturer ses effets en déclarant alors que « de nombreux pays en Europe ont un taux de chômage bien plus élevé que chez nous [en Allemagne], du fait que les salaires et le rendement ne sont pas en rapport[6] ».

C'est donc contrainte et forcée et sous la pression constante du SPD (Parti social démocratique), qu'elle fera marche arrière. La suite de l'histoire est connue, mais ne se

---

4. PERRET François, « Le risque d'écroulement des revenus des ménages les plus fragiles comme ceux de la classe moyenne est élevé en 2021 », *Le Monde*, 16 décembre 2020.
5. Week-end des 24 et 25 août 2019 à l'occasion de la tenue du G7 à Biarritz (France).
6. Angela Merkel, Entretien accordé au quotidien Bild Zeitung, 18 avril 2013.

résume pas à la seule adoption du salaire minimum en 2015. Car, depuis la fin de la crise financière, les salaires allemands accélèrent sensiblement et les salaires réels progressent plus vite que la productivité du travail[7]. Un changement de dynamique qui traduit la performance du marché du travail outre-Rhin. En effet, avec un taux de chômage de moins de 5,7 % aujourd'hui – et même de 4 à 5 % dans les régions sud de l'Allemagne – une pression salariale haussière apparaît et s'amplifie à Berlin.

Est-on pour autant parvenu à un équilibre satisfaisant pour les autres économies européennes ?

On en est encore loin. Car si la progression des salaires a effectivement contribué à un rééquilibrage des compétitivités entre les pays de la zone euro (l'augmentation des coûts salariaux unitaires allemands étant plus rapide que la moyenne de la zone euro depuis 2011), celui-ci est resté partiel. Ainsi, la hausse n'a pas été suffisante pour compenser les écarts de coûts salariaux unitaires apparus en zone euro entre 1995 et 2007 et ne s'est pas traduite par une baisse sensible du surplus courant allemand.

De plus, la bonne performance du marché du travail outre-Rhin et la croissance des salaires allemands ont contribué à soutenir le pouvoir d'achat des ménages, mais ont échoué jusqu'à maintenant à inverser l'augmentation sensible du taux de pauvreté observé depuis quinze ans. Bref, il faudrait aller plus loin. Beaucoup plus loin pour renverser la table.

Si les choses n'avancent pas au rythme que le reste de l'Europe attend de l'Allemagne, c'est parce que l'amplification de la dynamique salariale reste engluée par des années de rigidité du dialogue social. C'est là une différence fondamentale avec la situation qui prévaut en France.

---

7. « Comment expliquer la nouvelle dynamique salariale en Allemagne ? », *Trésor Éco*, n° 202, 20 juillet 2017.

Chez nous, plus de 95 % des salariés profitent d'accords collectifs tandis qu'ils ne sont que 48 % en Allemagne, où la négociation a d'abord lieu au sein de chaque entreprise. Une différence qui explique à la fois les performances de l'Allemagne sur le plan commercial, car les entreprises ont plus de marges de manœuvre pour échapper aux accords négociés que leurs homologues français, mais aussi des inégalités en hausse et, au total, une vigueur salariale moindre.

La situation pourrait changer avec le temps. Après sa création en janvier 2015, le salaire minimum légal en Allemagne (*Mindestlohn*) a connu plusieurs revalorisations. Il est passé à 9,82 euros brut de l'heure au 1er janvier 2022 pour les salariés qui y sont assujettis, avec une revalorisation à 10,45 euros au 1er juillet 2022. Toutefois, « pour la deuxième année consécutive, en 2021, l'augmentation des salaires réels à Berlin n'a pas suffi à compenser l'inflation, selon les chiffres publiés par l'Office statistique allemand. Corrigés de l'inflation, les salaires de l'autre côté du Rhin ont même diminué de 0,1 % l'an dernier[8] ».

Les lignes pourraient bouger dès 2022, car les entreprises interrogées prévoient de plus fortes augmentations salariales, tout particulièrement pour faire face à la pénurie de travailleurs qualifiés, qui toucherait quatre entreprises sur cinq sondées en début d'année.

Pour redonner des couleurs à la dynamique salariale dans le reste de l'Europe et en Allemagne, on peut donc s'attendre à une plus forte contribution que par le passé de la première économie du continent, d'autant que le nouveau chancelier Olaf Scholz a fait adopter par le Bundestag le relèvement du salaire minimum à 12 euros à partir du 1er octobre 2022.

8. « Pourquoi la baisse des salaires réels en Allemagne concerne la Belgique », *La Libre Éco*, 16 février 2022.

À l'échelle européenne, les tabous tombent aussi en matière de coordination des politiques salariales au sein de la zone euro. Celle-ci pourrait partir des premières intentions affichées en matière de convergence des niveaux de salaire minimum – une des priorités de la présidence française de l'Union européenne au premier semestre 2022 – et s'étendre pour inclure dans son périmètre la lutte contre les inégalités salariales les plus criantes. Cela concerne à la fois les écarts de revenus entre hauts et bas salaires, mais aussi la question des discriminations salariales hommes/femmes.

À ce jour, non seulement certains États membres n'ont même pas mis en place de salaire minimum, mais parmi les vingt et un qui l'ont fait, les différences de rémunérations sont importantes. Selon Eurostat[9] – qui a mesuré les écarts de salaire minimum entre chacun des pays de l'Union européenne – entre le pays qui paie le plus haut salaire minimum (le Luxembourg) et celui qui paie le plus bas (la Bulgarie), l'écart varie de 1 à 7.

Au 1er janvier 2022, parmi les vingt et un pays de l'Union européenne qui disposent d'un salaire minimum, treize sont sous le seuil des 1 000 euros mensuels (avant impôt et contributions sociales). Les plus faibles sont enregistrés en Bulgarie (332 euros par mois), en Lettonie (500) et en Roumanie (515). **Seuls six pays disposent d'un salaire minimum brut mensuel supérieur à 1 500 euros,** les plus élevés étant au Luxembourg (2 257), en Irlande (1 775) et aux Pays-Bas (1 725). L'Allemagne (1 621) et la France (1 603) arrivent pour leur part juste derrière la Belgique (1 658).

9. « Dans l'Union européenne, le salaire minimum varie de 1 à 7 », *La Tribune*, 28 janvier 2022.

Figure 2 – Le salaire minimum mensuel dans les pays européens

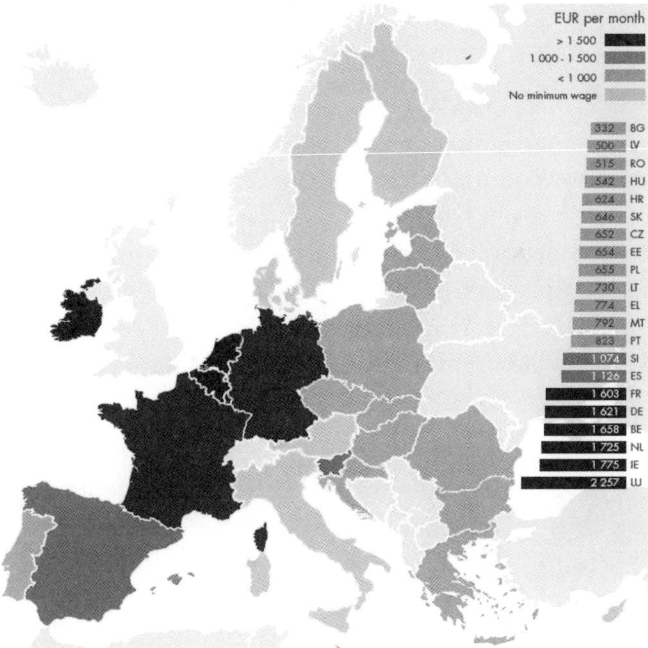

Source : Eurostat, janvier 2022.

Les écarts se réduisent nettement, une fois prises en compte les différences de coût de la vie entre pays. En parité de pouvoir d'achat, le salaire minimum est évalué à 604 euros en Bulgarie, contre 1 707 au Luxembourg, soit tout de même un écart de 1 à 3.

Le projet de directive de Bruxelles prévoit des règles visant à favoriser l'augmentation des salaires minimums là où ils existent, mais ne fixe pas de seuil européen uniforme. Une première marche, car il n'est pas prévu de rendre obligatoire l'introduction d'un salaire minimum dans les six pays de l'Union européenne qui n'en disposent pas à ce jour (Autriche, Chypre, Danemark, Finlande, Italie, Suède).

Tant que la compétition commerciale intra-européenne sera aussi vive que celle qu'on observe aujourd'hui, l'objectif plus général de dynamiser les salaires dans les différents pays de l'Union européenne dépendra surtout du bon vouloir des vingt-sept États membres.

La compétition commerciale au sein de l'Union européenne, aussi vive qu'inévitable, ouvrira difficilement la voie à une politique de revalorisation salariale coordonnée au sein de l'Union européenne. Ce qui ne veut pas dire que le réhaussement des salaires ne peut pas servir un objectif économique. Dans une logique à la fois d'attractivité et de partage de la valeur, une revalorisation ciblée des rémunérations fixes pourrait faire totalement sens.

Par ailleurs si ce n'était pas un calcul strictement économique qui devait sous-tendre une trajectoire de remontée des salaires, c'est bien un impérieux besoin de cohésion sociale en démocratie qui justifie à lui seul une attention particulière à la dynamique salariale.

Peut-on pour autant faire n'importe quoi et « décréter » de lourdes revalorisations salariales sans se préoccuper des conséquences que ne manquera pas d'avoir ce choix ?

Une fuite en avant dangereuse : le quoi qu'il en coûte salarial

Spontanément, on a envie que la France se démarque et fasse preuve d'exemplarité dans le débat salarial en 2022-2023. Que le travail paye plus tout de suite et pour tous. Au point qu'on aimerait céder à une tentation supplémentaire : feindre de croire que les marges de manœuvre des employeurs pour augmenter les salaires sont illimitées et que l'État, qui participe aussi à la politique de formation des revenus *via* le salaire minium, pourrait se livrer à son tour à un « quoi qu'il en coûte salarial » sans conséquences pour notre économie et nos finances publiques, et à terme notre niveau de vie.

L'illustration de ce risque, c'est la surenchère qui a présidé aux « promesses » des candidats à l'élection présidentielle dont une majorité aurait abouti, en cas d'application, à distribuer du pouvoir d'achat aux Français, comme on diffuse de la poudre aux yeux : de manière irresponsable. Car ce que ces candidats auraient donné d'une main, sous forme par exemple d'augmentation générale des salaires, de coup de pouce au smic ou encore d'indexation des rémunérations fixes sur l'inflation à court terme, ils auraient nécessairement été amenés à le reprendre un peu plus tard sous forme d'augmentations d'impôts.

Ainsi, avant de s'engager dans une voie responsable visant à trouver le juste équilibre entre l'évolution des salaires et nos impératifs de développement économique, je veux tordre le cou à cinq idées reçues qui ont la vie dure et dont l'application économique serait aussi improbable que la possibilité pour un nageur de remonter à la surface d'un lac lesté de cinquante kilos de pierres attachées aux pieds.

Première utopie : le fameux « coup de pouce » au salaire minimum

Comme on le sait, le dernier coup de pouce au smic remonte à dix ans, à juillet 2012, sous la présidence de François Hollande (+0,6 % de hausse au-delà de la revalorisation légale de +1,4 % liée à la hausse des prix).

En quoi cela consiste-t-il ? Il prend la forme d'augmentations allant au delà de celles, mécaniques, déjà prévues par la loi. Pour protéger les salariés du bas de l'échelle des revenus, la législation prévoit en effet, chaque 1er janvier, une revalorisation calculée sur l'inflation des 20 % des ménages aux plus faibles revenus et sur la moitié du gain de pouvoir d'achat des ouvriers et des employés. Une hausse peut également intervenir en cours d'année si l'indice des prix à la consommation augmente d'au moins 2 % par rapport à l'indice constaté lors de la dernière évolution du smic.

Une proposition que sept candidats (parmi les douze) ont faite lors de la campagne de l'élection présidentielle cette année, la totalité des candidats rangés à gauche, ainsi que Jean Lassalle, classé plutôt au centre-droit de l'échiquier politique hexagonal.

Tableau 6 – Quels candidats à l'élection présidentielle 2022 ont proposé un coup de pouce au smic ?

Candidats	Promesse de revalorisation du smic	Niveau de revalorisation du smic projeté (hors augmentations automatiques liées à l'inflation)
Nathalie ARTHAUD	Oui	2 000 euros net
Philippe POUTOU	Oui	1 800 euros net
Jean-Luc MELENCHON	Oui	1 400 euros net
Fabien ROUSSEL	Oui	1 500 euros net
Yannick JADOT	Oui	1 500 euros net
Anne HIDALGO	Oui	+260 euros net Soit 1 529 euros net*
Jean LASSALLE	Oui	1 400 euros net
Nicolas DUPONT-AIGNAN ; Marine LE PEN ; Emmanuel MACRON ; Valérie PECRESSE ; Eric ZEMMOUR	Non	–

* Sur la base d'un smic au 1er janvier 2022 à 1 269 euros net (1 603,12 euros brut).

Pour généreuse qu'elle soit sur le plan social, cette idée est aussi ancienne que controversée. La critique qui lui est le plus souvent adressée doit être entendue : en profitant aux salariés du bas de l'échelle des revenus, elle porte en revanche préjudice aux autres qui, du coup, peinent à trouver un emploi. Cet effet est d'autant plus fort que le ratio salaire minimum sur salaire médian est élevé. Ce qui est le cas dans notre pays où il dépasse 60 %, à l'inverse de ce qu'on observe dans la première économie mondiale et celle du continent européen (environ 30 % aux États-Unis et 48 % en France).

C'est la raison pour laquelle Emmanuel Macron a refusé obstinément depuis 2017 toute augmentation du smic autre que celle prévue par la loi. La concentration inhabituelle dans le temps des dernières revalorisations intervenues en France (automne 2021, 1er janvier 2022, 1er mai 2022, août 2022) ne doit pas être confondue avec un « coup de pouce ». Elle est une réponse circonstanciée à l'inflation de ces derniers mois (+4,5 % sur un an constaté en mars, le plus haut depuis décembre 1985) pour prévenir le risque de paupérisation des classes populaires.

Seconde fuite en avant : les augmentations générales de rémunération

Un seul candidat à l'élection présidentielle a eu l'audace de le proposer cette année, Philippe Poutou. Investi par le Nouveau Parti anticapitaliste (NPA), l'ancien ouvrier de l'usine Ford de Blanquefort (Gironde), avait alors prévu, en cas de victoire, une augmentation de +400 euros « pour tous ». Une surenchère salariale inégalée que notre économie n'a à la fois pas de raison d'appliquer et encore moins les moyens de pratiquer.

D'abord, contrairement à d'autres pays occidentaux, la France n'a pas connu au cours des vingt dernières années de déformation nette du partage des revenus au détriment des salariés.

Ensuite, une telle distribution – qui coûterait quelque neuf milliards d'euros par an aux entreprises du secteur privé – aurait forcément des conséquences terribles pour notre économie : une augmentation de niveau équivalent des prix à la consommation (en cas de formation d'un mécanisme de « boucle prix-salaires »), baisse des marges des entreprises, remontée des taux d'intérêt, sans compter à moyen/long terme les effets sur le régime des retraites.

L'augmentation générale et démesurée de tous les salaires n'a donc que peu d'adeptes.

Une variante de cette « générosité » onéreuse pourrait consister à s'appuyer sur la création monétaire pour distribuer de l'argent frais aux salariés. Au plus fort de la crise sanitaire, j'ai moi-même défendu l'idée qu'il fallait faire feu de tout bois pour prévenir le risque d'effondrement des revenus des ménages. Une situation exceptionnelle qui autorisait en effet à ne plus s'interdire de quitter les sentiers économiques battus.

J'ai alors, avec d'autres, proposé qu'on mette sur la table une idée peu orthodoxe : « distribuer du cash, beaucoup de cash, directement aux citoyens. Pas seulement aux entreprises[10] ». Il s'agit là d'une idée ancienne, remontant aux travaux du monétariste Milton Friedman, qui l'a décrite dans son ouvrage *The Optimum Quantity of Money* dès 1969. Depuis lors, elle a fait son chemin. Lors de la crise des *subprimes* de 2008, la Banque centrale américaine avait déjà grand ouvert le robinet de liquidités et agi en prêteur de dernier ressort, en garantissant elle-même la circulation des liquidités et du crédit.

L'économiste Daniel Cohen l'avait également repris à son compte en septembre 2019, avec l'objectif de la mettre au service du redémarrage de l'économie européenne à un moment où la croissance commençait déjà à s'essouffler. Il évoquait alors, relayé par le think tank Bruegel, l'idée d'un chèque de 1 000 euros par personne pour créer un choc de demande.

10. Perret François, « Monnaie hélicoptère : simple illusion ou vraie remède à la crise ? », *Forbes*, 23 mars 2020.

La même année, de l'eau ayant coulé sous les ponts, le Japon choisissait de distribuer des bons d'achat à sa population. Un dispositif que les États-Unis ont utilisé à leur tour pendant la pandémie, avec la distribution individuelle de 1 400 dollars au peuple américain dans le cadre du plan de relance fédéral, décidée en mars 2021 par le président Joe Biden.

Pour sauver le pouvoir d'achat des salariés en temps de crise, il n'était pas fantaisiste de recourir à ce type de dispositif, voire de le compléter par des interventions de la Banque centrale pour activer le robinet monétaire. Mais c'est évidemment une solution qui doit rester parfaitement exceptionnelle. Outre le fait qu'on peut se demander si c'est bien le rôle d'une Banque centrale de procéder à cette distribution (qui relève d'un choix politique), l'usage de la « monnaie hélicoptère » alourdit le bilan de l'autorité monétaire.

Elle n'atteint pas forcément non plus la cible qu'elle se fixe (puisqu'une partie du supplément de pouvoir d'achat induit va se traduire par de l'épargne supplémentaire), risque aussi de provoquer un emballement de l'inflation (déjà élevée), tout en créant un déséquilibre extérieur, une partie de la consommation supplémentaire induite renforçant le poids des importations nationales.

Une idée toute keynésienne, que ses détracteurs comparent à une fuite en avant vers toujours plus de création monétaire, et sans assurance d'un redressement de l'appareil productif, affaibli par des semaines de pandémie. Dont acte. La solution n'est évidemment pas pérenne, car elle consiste à injecter (artificiellement) des liquidités dans l'économie sans que l'offre productive elle-même puisse suivre. Elle est donc à ranger au rang des solutions trompeuses.

Troisième illusion : indexer les salaires sur l'inflation

A priori, c'est une idée de bon sens. Quand le pouvoir d'achat des Français glisse du fait de la montée du prix de l'énergie et des matières premières, il faut agir. Et des voix s'élèvent régulièrement pour demander alors une indexation des salaires sur les prix. Philippe Poutou, Nicolas Dupont-Aignan ou Nathalie Arthaud ont fait campagne sur cette idée au printemps 2022. La porte-parole de Lutte Ouvrière (LO) avait même plaidé pour « que les salaires, les pensions et les allocations augmentent au rythme des hausses que l'on mesure en faisant le plein d'essence et en remplissant son caddie ».

Mais où conduirait cette logique, qui avait d'ailleurs prévalu chez nous jusqu'en 1983 et qui est appliquée par deux proches voisins de l'Union européenne : la Belgique et le Luxembourg ?

L'indexation des salaires sur l'inflation : quelques exemples

En Belgique, l'indice santé pourrait grimper de +6,9 % sur l'ensemble de l'année 2022 selon la RTBF. Cet indice, basé sur l'indice des prix à la consommation auquel sont soustraits l'alcool, le tabac et les carburants, sert à indexer les salaires, les allocations (dans sa version lissée) et les loyers.

Au Luxembourg, l'indexation est partielle. Depuis le 1er avril 2022, les salaires ont donc augmenté de +2,5 % face à un taux d'inflation annuel de +6,1 % pour le mois de mars.

En France, « l'échelle mobile des salaires » a été introduite en juillet 1952 sous la présidence de Vincent Auriol (SFIO) par le gouvernement Antoine Pinay. Il s'agissait d'un mécanisme informel. Elle a été supprimée en 1983 sous la présidence de François Mitterrand.

Le problème de l'indexation des salaires sur les prix, c'est un peu son effet « boomerang » : elle se retourne toujours contre ceux qu'elle devait servir. Si on aligne les salaires sur la hausse des prix, surtout en temps de crise, les coûts de production des entreprises vont augmenter, ce qui va conduire tôt ou tard celles-ci à augmenter leurs prix, ce qui de nouveau nuira à la consommation.

C'est la raison pour laquelle le gouvernement de Jean Castex avait préféré, au premier semestre 2022, prendre d'autres mesures pour lutter contre l'inflation : primes inflation, gel des prix de l'énergie, baisse des prix des carburants...

Si une indexation totale est utopique, une indexation partielle semble davantage réaliste, mais il faut alors avoir bien conscience qu'elle ne couvrira – par définition – qu'une partie de la hausse des prix. De plus, elle repose sur le volontarisme des entreprises qui peinent aujourd'hui, compte tenu des fortes incertitudes pesant sur les marchés internationaux, à augmenter les salaires beaucoup plus qu'à hauteur de +2 %/+3 %.

Quatrième tentation coûteuse : le revenu universel de base

L'idée d'un revenu minimum a, semble-t-il, été formulée pour la première fois par le Britannique Thomas More (1478-1535). L'auteur de *L'Utopie*, dans un passage de son récit, fait dire au voyageur Raphaël, s'adressant à l'archevêque de Cantorbéry, qu'un revenu garanti serait sans doute plus efficace contre la criminalité que la peine capitale.

Pour comprendre le soubassement philosophique et les postulats présidant à la distribution d'un « revenu de base », dit aussi « allocation universelle » ou encore « revenu universel », il faut remonter à une époque beaucoup plus contemporaine. Ce que j'appellerai le revenu de base, qui évite les interprétations multiples sur la portée du terme « universel », est aujourd'hui le plus couramment défini comme « un droit inaliénable, inconditionnel, cumulable avec d'autres revenus, distribué par une communauté politique à tous ses membres, de la naissance à la mort, sur base individuelle, sans contrôle des ressources ni exigence de contrepartie, dont le montant et le financement sont ajustés démocratiquement[11] ».

De nouveau une idée généreuse pour augmenter le niveau de vie de nombreux Français quand on sait que plus de neuf millions d'entre eux vivaient sous le seuil de pauvreté en 2019, selon l'Insee. Sans qu'on puisse d'ailleurs se résoudre à cette situation sociale à la fois dramatique et si paradoxale au regard du poids considérable des aides sociales publiques, qui représentent la bagatelle d'un tiers du PIB (31 % précisément), soit onze points de pourcentage de plus que dans les autres pays de l'OCDE (20 %).

Sauf que le revenu de base, poussé par des familles de pensée aussi éclectiques que des hommes et des femmes de gauche, des altermondialistes, certains libéraux, des sociaux-démocrates et même des libertariens (hostiles à l'État et partisans d'une liberté totale des individus et des mœurs), ne résout en rien l'équation d'un travail qui ne paye pas assez. Puisque sa construction même repose au contraire sur une logique d'émancipation par rapport au travail. Le revenu de base postule ainsi qu'on est payé sans travailler ni même (si on le souhaite) participer au bien-être de la collectivité.

Cette idée de dotation universelle a été formulée pour la première fois par le pamphlétaire Thomas Paine (1737-1809) dans un opuscule demeuré célèbre : *La justice agraire*. Dans cet ouvrage, le bouillant intellectuel y propose une dotation forfaitaire de 15 livres sterling qui serait versée à chaque homme et chaque femme ayant atteint l'âge adulte (21 ans), avant d'être complétée par le versement d'une somme de 10 livres supplémentaires aux individus ayant atteint l'âge de cinquante ans.

11. Définition retenue par le « BIEN » et le « MFRB », citée par Olivier Le Naire et Clémentine Lebon, in *Le revenu de base. Une idée qui pourrait changer nos vies*, éditions Babel, octobre 2021, p. 30.

Des paiements d'un montant modeste certes, mais consentis à tous, qu'ils soient riches ou pauvres.

S'inscrivant en faux par rapport à l'obligation, toujours actuelle, de « gagner sa vie » et refaisant surface au moment même où la technologie crée beaucoup de « bullshit jobs » et où l'accès à l'emploi reste encore difficile pour les moins qualifiés, l'idée a évidemment de quoi séduire. Ses défenseurs font aussi valoir que toucher le revenu de base n'aurait d'ailleurs pas systématiquement comme effet collatéral de détourner les gens de leur activité professionnelle. Ils soulignent encore son effet émancipateur pour ceux qui voudraient se sentir plus libres par rapport à une activité salariée, et se sentiraient soutenus, *via* ce filet de sécurité, dans leur aspiration à créer leur propre entreprise ou tout simplement à exercer le travail de leur choix.

Tous ces arguments sont à prendre en considération. Mais il y a autant de « revenus de base » que de promoteurs de cette idée. En 2011, Christine Boutin, alors candidate à l'élection présidentielle remportée l'année suivante par François Hollande, proposait un revenu de base pour tous les Français dès leur naissance, s'élevant à 200 euros pour les enfants et 400 euros pour les adultes. Cinq ans plus tard, c'est Nathalie Kosciusko-Morizet, alors présidente du groupe Les Républicains de Paris, qui propose de verser inconditionnellement à tous une allocation de 470 euros. L'idée du revenu de base s'est ensuite imposée dans le débat public à la faveur de la campagne du candidat socialiste, Benoît Hamon, dont on se souvient qu'il proposera un revenu de base lui aussi, avec « l'objectif d'être moins dépendant de son travail » et qui ne pourrait être inférieur à 535 euros pour commencer, avant d'atteindre progressivement 750 puis 1 000 euros.

Aujourd'hui encore, il est bien difficile de se faire une idée objective et précise des incidences qu'aurait la mise en place du revenu de base sur le rapport au travail. Il n'est pas non plus aisé d'en mesurer précisément l'impact sur les finances publiques puisque celui-ci dépend du montant visé, variant de 535 euros (niveau de l'actuel RSA pour une personne seule) à 800 voire 1 000 euros. Le risque est aussi que le revenu de base s'ajoute aux aides sociales existantes plutôt que, comme cela est souvent promis, de les supprimer.

Beaucoup de pistes sont avancées lorsqu'il s'agit de financer le revenu de base (réforme de la fiscalité, création monétaire...), mais en l'absence d'expérimentations à grande échelle (l'Alaska, 49e État américain, verse certes depuis 1982 un dividende à tous ses habitants issus de sa rente pétrolière, mais d'un montant assez faible de 153 euros par mois en moyenne par personne), les questions sur le revenu de base sont finalement bien plus nombreuses que ses bénéfices avérés. Les citoyens suisses l'ont bien compris, eux qui – consultés dans le cadre d'un référendum d'initiative populaire le 5 juin 2016 – ont répondu « non » à une très large majorité (76,9 %) à l'instauration d'un « revenu de base inconditionnel ». Celui-ci se serait élevé à 2 500 francs suisses (2 160 euros) et 650 francs suisses pour un mineur... un surcoût estimé quand même à 208 millions de francs suisses (188 millions d'euros) par les autorités helvétiques.

Cinquième idée incertaine dans ses effets : travailler moins pour gagner plus

Et si notre époque se prêtait à un nouvel équilibre entre vie professionnelle et vie personnelle dans lequel on réussirait à travailler moins tout en gagnant autant ? La perspective ne manque pas de romantisme à l'heure d'une certaine forme de désenchantement du travail.

Elle est arrivée discrètement dans le débat public en France lorsqu'un ministre du président Jacques Chirac (1995-2007), Gilles de Robien, avait fait adopter une loi portant son nom sur l'aménagement du temps de travail (Loi dite « Robien » de 1996). Celle-ci proposait alors aux entreprises volontaires de réduire le temps de travail de leurs salariés en échange d'allègement des cotisations patronales. Concrètement, quatre cents entreprises avaient alors accepté de passer de 39 heures (hebdomadaire) à 32 heures, avec à la clé une exonération de cotisations chômage conditionnée par une augmentation d'effectifs dans une fourchette de +10 à +15 %. Une possibilité qui leur a été retirée par la suite après l'abrogation de la loi « Robien », remplacée par une autre loi très emblématique sur le temps de travail, la loi « Aubry » (1998), introduisant le passage aux 35 heures.

L'expérience Robien, qui ouvrait la voie à la semaine de quatre jours, aura fait long feu. L'institut Louis Harris a par la suite constaté en 1999 qu'un quart des salariés qui en avaient bénéficié, formulaient au bout du compte une opinion assez mitigée, dénonçant une dégradation des conditions de travail. Seule la population salariée la plus jeune s'était montrée convaincue.

Vingt-cinq ans plus tard, l'hypothèse d'une semaine de travail de quatre jours est très loin d'être abandonnée. Lors de l'élection présidentielle 2022, deux candidats de gauche, Jean-Luc Mélenchon et Fabien Roussel, ont fait du passage aux 32 heures l'un des étendards de leur programme politique. Anne Hidalgo (PS) et Yannick Jadot pour les écologistes n'ont pas non plus fermé la porte à la semaine de quatre jours, évoquant sans les chiffrer des perspectives de baisse du temps de travail s'ils étaient élus.

Alors faut-il vraiment croire en les vertus de la concentration du temps travaillé sur quatre jours au lieu de cinq ? J'avertis ceux qui en vanteraient les mérites un peu rapidement que la semaine raccourcie est un peu un « trompe-l'œil » tant qu'on n'en définit pas les contours exacts, avec des conséquences très différentes d'un scénario à l'autre sur la rémunération des salariés.

Car il existe en fait trois grandes options pour diminuer le nombre de jours hebdomadaires travaillés : la première consiste à réduire le nombre d'heures de travail (de 35 heures à 32 heures), la seconde à augmenter l'amplitude journalière (à durée hebdomadaire inchangée), la troisième enfin à enlever un jour de travail par semaine sans modifier la plage horaire...

En réalité, la charge d'ajustement salarial incombe à l'employeur si je réduis le nombre d'heures travaillées tout en consentant au salarié le même salaire. Ce qui rognera d'autant leurs marges. À l'inverse, si j'octroie une rémunération fixe moins importante en contrepartie d'un temps de travail réduit, je pénalise alors le salarié lui-même dans son niveau de vie.

Il ne sera donc pas facile de gagner sur tous les tableaux : le maintien du niveau de salaire et le mieux-être lié à la réduction du nombre de jours travaillés. Car, soyons réalistes : ce n'est pas parce que je réduis le nombre de jours travaillés... que ma charge de travail elle-même va décroître ! Ce qui veut dire concrètement que le cadre, l'employé et l'ouvrier vont devoir assumer la même charge, mais répartie sur un jour de moins de travail dans la semaine...

D'un secteur d'activité à l'autre et d'une entreprise à une autre en fonction de sa structure et de sa taille, le passage à quatre jours ne présentera pas les mêmes facilités. Est-il raisonnable d'imaginer la généralisation du passage de cinq à quatre jours dans une start-up où les effectifs sont déjà à la fois réduits et où la charge d'activité est très lourde ?

Tout est bien sûr possible. Quand on interroge les Français qui disent vouloir expérimenter la semaine de quatre jours (ils étaient 56 % en 2019), trois quarts d'entre eux déclarent bien *vouloir a priori* augmenter l'amplitude horaire journalière pour conserver leur niveau de rémunération, tandis que le quart restant se dit prêt à réduire son temps de travail quitte à rogner sur son salaire de base[12].

Travailler moins pour mieux vivre est une vraie option de société. Mais c'est un choix tellement important pour l'avenir

---

12. Étude « The Walkface view in Europe 2019 » menée par ADP.

que le précipiter sans avoir davantage creusé toutes ses implications, y compris sur le plan salarial, serait irresponsable. La France apparaît déjà comme le pays de l'Union européenne, derrière la Suède, où la durée effective annuelle moyenne de travail des salariés à temps complet est la plus faible avec 1 680 heures en 2019 contre 1 955 heures vingt ans plus tôt. Ce qui ne la met pas en position favorable, malgré une productivité horaire élevée, pour améliorer sa position en termes de compétitivité-coût.

Avant de passer à la semaine de quatre jours, le bon réflexe serait par conséquent de lancer une expérimentation, comme s'y est attelé notre voisin britannique, qui s'est engagé dans cette démarche, en 2022, dans soixante entreprises (environ 3 000 salariés) et dont on devrait connaître les résultats au début de l'année 2023.

Tableau 7 – Principales expérimentations de la semaine de quatre jours dans le monde

Pays	Date et périmètre de l'expérimentation	Commentaires et premiers résultats
Allemagne	Accord au sein du groupe Volkswagen en 1993 pour passer 100 000 salariés à 4 jours (semaine de 28,8 heures), pour sauver 30 000 emplois, avec comme contrepartie une baisse allant de 10 à 20 % des salaires annuels	Hausse de la productivité (selon la direction). Des cadres se plaignant que la réduction de leurs revenus annuels s'est accompagnée d'une augmentation de 10 à 20 % de leur charge de travail
Belgique	Le Premier ministre Alexander De Croo a annoncé en février 2022 un projet de réforme du travail ouvrant la possibilité aux salariés le souhaitant de passer à 4 jours, avec des journées de travail plus longues	Expérimentation en cours

Pays	Date et périmètre de l'expérimentation	Commentaires et premiers résultats
Espagne	Expérimentation des 4 jours dans 200 entreprises volontaires avec 32 heures travaillées et payées 40 pendant 3 ans	Budget de 50 millions d'euros Chez Desigual, vote interne avec 86 % de salariés ayant accepté une baisse de 13 % du temps de travail moyennant une baisse de 6,5 % de leur salaire
Islande	2 500 salariés (1 % de la population active) dans 100 lieux de travail différents, entre 2015 et 2019	Augmentation de la productivité et du bien-être. Aujourd'hui, 90 % de la population active a réorienté son temps de travail ou négocié un aménagement des horaires avec son entreprise
Japon	Expérimentation chez Microsoft en 2019	Augmentation de la productivité de +40 % et du bien-être au travail. Augmentation du temps dévolu à la formation. Indirectement, augmentation de la demande adressée au secteur touristique
Royaume-Uni	Expérimentation en 2022 dans 60 entreprises (3 000 salariés) entre juin et décembre 2022	Expérimentation en cours
Nouvelle-Zélande	Expérimentation dans une entreprise spécialisée dans la sécurité (« Perpetual ») en 2018, avec 240 salariés Expérimentation dans la filiale néo-zélandaise du groupe Unilever (81 employés)	Productivité restée la même. Niveau de stress des salariés réduit ; stimulation de l'engagement dans l'entreprise

Soyons clairs en définitive. Il n'est ni juste ni sensé de continuer à laisser croire qu'au nom du développement économique on devrait systématiquement contraindre la trajectoire salariale des Français. Les salaires ne sont, en eux-mêmes et par eux-mêmes, pas un « coût ». Ils sont au contraire un auxiliaire de la croissance et de l'emploi. Et un déterminant de la cohésion et de la justice sociale.

Mais il est tout aussi illusoire d'accréditer l'idée selon laquelle il serait permis de généraliser les revalorisations salariales sans discernement ni contrôle.

Les solutions le plus souvent évoquées – coup de pouce inconsidéré du smic, augmentation générale des salaires, indexation des salaires sur l'inflation ou encore création d'un revenu de base ou d'une semaine de travail ramenée à quatre jours payée cinq – sont autant d'illusions dangereuses que notre pays payerait très cher dans le cadre de la mondialisation.

Ce sont d'autres solutions, moins mécaniques et plus réalistes, qui doivent être recherchées pour mieux concilier l'impératif économique et la sortie de l'austérité salariale.

Chapitre 7

Sortir de l'immobilisme salarial

Face à l'austérité salariale, les Français ne veulent plus se contenter d'un discours déploratif, lénifiant ou encore fataliste. Ils intentent une action résolue destinée à en sortir !

Au lieu de s'obstiner à prendre des directions assez illusoires, compte tenu par ailleurs de notre ambition de développement économique interdisant de faire n'importe quoi, et d'opter pour des solutions plus qu'incertaines (relèvements inconsidérés du smic, augmentation générale des salaires, indexation des revenus du travail sur l'inflation...), notre pays doit avoir le courage de définir des priorités, et de les financer.

Puisqu'on ne pourra pas augmenter tous les revenus d'un coup, fixons-nous un cap. Un cap utile au regard de nos grandes priorités sociétales et économiques.

Le compromis productif et salarial

À défaut d'une augmentation généralisée des salaires qui serait suicidaire sur le plan économique, je propose de diriger nos efforts de revalorisation vers trois publics prioritaires : les fonctionnaires de « première ligne », les jeunes et les séniors et, enfin, les bas salaires du secteur privé marchand. En envoyant un signal salarial à ces catégories, l'économie française pourra à la fois restaurer sa trajectoire de productivité à moyen terme et la qualité de ses services publics, qui y concourent.

1re priorité : revaloriser le salaire des enseignants et des chercheurs

Pourquoi diable les fonctionnaires ? Revaloriser le traitement des fonctionnaires peut sembler contre-intuitif de prime abord. En première intention, une partie des Français pensent toujours qu'on pourrait se passer d'eux ou qu'à tout le moins ils pourraient être moins nombreux et que le contribuable n'a en tout cas pas à mettre la main à la poche pour accompagner leur trajectoire salariale.

Quand on les interroge, une majorité de Français (53 % précisément) considère qu'il y a trop de fonctionnaires et signerait pour les voir bien moins nombreux. Dans les faits, avec 90 agents publics pour 1 000 habitants en 2019, selon les chiffres de l'OCDE, la fonction publique française, bien que se situant dans la fourchette haute des pays occidentaux, n'affiche pas un surpoids démesuré.

Le diable est dans les détails. Si le think tank social-libéral Les Gracques proposait l'an dernier un plan de départ volontaire de 250 000 fonctionnaires, c'est avec l'idée très juste de mieux doter le reste de la fonction publique. Celle qui crée le plus de valeur économique et sociétale : les fonctionnaires de « première ligne » en somme.

Si le dégel du point d'indice de la fonction publique annoncé pour l'été 2022 était absolument indispensable (+3,5 % au 1er juillet), après dix ans de surplace, plus important encore est de pousser vers le haut ceux dont la responsabilité est immense pour résoudre notre problème de compétences (les enseignants) et pour faire de la France une économie plus innovante (les chercheurs). L'idée sous-jacente est la suivante : si nous créons les conditions moyen terme pour élever la productivité de l'économie française, nous pourrons espérer retrouver par la suite des marges de manœuvre pour augmenter le salaire du plus grand nombre.

Opter pour une revalorisation engagée du revenu des enseignants, c'est reconnaître le rôle de l'augmentation des qualifications de la population active dans la prospérité d'un pays. Une étude de l'OCDE en 2018 rappelait à cet égard qu'« il est crucial de préserver et améliorer les compétences des travailleurs, non seulement pour dynamiser la croissance de la productivité mais aussi pour favoriser un partage plus large des gains de productivité, à la fois en soutenant les salaires au bas de l'échelle et en élevant la part du travail dans le revenu des facteurs[1] ».

Jugeant les professeurs « prolétarisés depuis vingt-cinq ans », la candidate du Rassemblant national (RN) à l'élection présidentielle, Marine Le Pen, avait promis de revaloriser la grille indiciaire de 3 % par an entre 2022 et 2027 et d'insister particulièrement sur la rémunération en début de carrière. Jean-Luc Mélenchon (LFI) était allé plus loin encore, en promettant une augmentation de +15 % pour rattraper le gel du point d'indice et une revalorisation des grilles indiciaires.

Avant sa réélection le 24 avril 2022, le candidat Emmanuel Macron s'est engagé à une revalorisation d'un autre genre, avec six milliards d'euros par an pour payer plus ceux qui accepteront de travailler plus. Pas d'augmentation générale donc, mais plutôt un contrat dans la durée avec les professeurs, aboutissant à rémunérer mieux ceux qui s'engageraient à remplacer des collègues absents, à faire de l'aide aux devoirs ou encore à s'investir dans des associations au titre du périscolaire.

Une direction confirmée ensuite par Pap Ndiaye, quelques semaines plus tard bien qu'en partie seulement, le nouveau ministre

1. OCDE, « Découplage salaires-productivité : quelles conséquences sur les politiques publiques ? », *Perspectives économiques de l'OCDE*, vol. 2018, n° 2, pp 68-69.

de l'éducation nationale annonçant que l'augmentation de rémunération comporterait « deux parts » : la première non-conditionnée, avec l'objectif de relever le salaire de départ des jeunes enseignants au-dessus de 2 000 euros à partir de 2023 et une seconde, avec « une part salariale conditionnée à des tâches nouvelles[2] ».

Amener les enseignants à prendre de nouvelles responsabilités (travailler des territoires ruraux isolés ou des établissements difficiles, mieux accompagner les élèves dans leur progression en dehors des heures de classe, etc.) et soutenir leur engagement doit, à mon sens, converger vers un objectif absolument impératif pour créer des emplois et laisser de moins en moins de jeunes Français sur le banc de touche du monde du travail : une baisse forte et régulière du nombre d'actifs entrant sur le marché du travail sans diplôme.

Tableau 8 – Taux de chômage selon le niveau de diplôme (2019)

Sans diplôme	Brevet des collèges	CAP, BEP	Baccalauréat	Bac+2	Diplôme supérieur
15,8 %	14,7 %	9,1 %	9,2 %	5 %	5,2 %

Source : Insee, FIDECO.

Moins de Français éloignés de l'emploi, c'est à terme la promesse d'une dynamique du marché du travail plus forte. Laquelle devrait pousser les salaires vers le haut.

Autant l'investissement budgétaire supplémentaire dans l'enseignement fait désormais à peu près consensus dans notre pays, autant casser la tirelire de l'État pour mieux rémunérer les chercheurs n'est pas apparu comme un thème central des dernières campagnes électorales. Et pourtant !

2. Interview du ministre de l'Éducation nationale Pap Ndiaye, *Le Parisien*, 26 juin 2022.

Actuellement, selon les données disponibles sur Talent.com, le salaire médian pour les emplois de chercheur en France est de 36 060 euros par an ou 18,49 euros par heure. Les postes de niveau débutant commencent par un salaire environnant 30 000 euros par an, tandis que les travailleurs les plus expérimentés gagnent jusqu'à 52 500 euros par an. Des montants qui ne permettent pas toujours de retenir les talents les plus élevés ou d'attirer les meilleurs chercheurs étrangers.

Or, six chercheurs sur dix ayant quitté leur pays d'origine n'y reviennent jamais. Dans la balance subtile entre « *brain drain* » et « *brain gain* », cet éventuel retour aux sources joue un rôle clé.

Alors, comment s'y prendre pour refaire gagner en attractivité la recherche française ? Ce sujet a fait l'objet d'un colloque récent[3] organisé par le Centre national de la recherche scientifique (CNRS) duquel on peut d'abord retenir que le déterminant premier d'un centre pour accueillir des chercheurs étrangers, c'est la générosité de son « package d'accueil », c'est-à-dire la bourse qu'elle offre à chaque nouvel entrant. Un point sur lequel il faut entendre la voix du président du CNRS, Antoine Petit, qui rappelle fréquemment que l'enveloppe actuelle d'environ 10 000 euros devrait être multipliée au moins par vingt pour faire bouger les lignes. Soit en définitive 50 millions d'euros, ce qui peut paraître beaucoup, indique l'intéressé, avant de préciser que c'est « seulement » 1,5 % du budget de l'organisme français.

Couplé à une augmentation des rémunérations des chercheurs, le gonflement de la bourse d'accueil pourrait produire des résultats. Mais il faudrait alors poursuivre le rattrapage salarial qui a été acté à l'automne 2020 et l'accélérer, sans doute en augmentant dans un premier temps les primes accordées.

Nous devons à tout prix enrayer le « décrochage de la recherche française[4] » et faire parallèlement un effort exceptionnel pour

3. Colloque CNRS sur la mobilité des chercheurs, 7 mars 2022.
4. Formule attribuée au professeur Philippe Aghion.

l'enseignement supérieur, probablement à hauteur de trois milliards d'euros sur le quinquennat 2022-2027, afin d'inverser la tendance à la baisse de la dépense moyenne par étudiant (baisse de -7 % depuis 2010). Il s'agit là d'efforts budgétaires qui représentent le prix à payer pour une économie plus innovante demain.

2e priorité : soutenir la dynamique salariale des soignants et des professionnels de santé

En première ligne pendant toute la pandémie de Covid-19, les soignants ont été « applaudis » pendant les longues semaines de confinement de l'année 2020. Mais ils aspiraient logiquement à plus, compte tenu à la fois de leur mobilisation exceptionnelle et aussi du retard d'alignement de leurs traitements sur les barèmes européens.

Le Ségur de la santé a produit un premier effet de rattrapage. Depuis le 1er octobre 2021, un aide-soignant perçoit désormais 228 euros net par mois de plus en début de carrière. Et au moment de son départ en retraite, son salaire atteindra 2 954 euros net contre 2 303 euros auparavant.

Dans un premier temps, seuls les personnels de la fonction publique hospitalière ont bénéficié des revalorisations. Les infirmiers spécialisés ont également profité d'un coup de pouce dans ce cadre, avec le passage de 1 532 euros au bout d'un an de carrière à 1 760 euros net. Même chose pour les 153 000 infirmiers en soins généraux, qui ont vu leur salaire augmenter de 290 euros net en début de carrière et de 536 euros net avant leur départ en retraite.

En tout, les augmentations consenties représentent un effort budgétaire en année pleine de 740 millions d'euros, incluant désormais le personnel de santé travaillant dans le secteur privé, la fonction publique d'État et les collectivités territoriales.

Emmanuel Macron, candidat à un second mandat présidentiel, a également promis des augmentations au cas par cas pour les médecins de ville. Il faudra sans doute aller plus loin.

D'abord pour envoyer un signal à certaines professions trop longtemps marginalisées, comme les ambulanciers que le ministère de la Santé a tardé à reconnaître comme des « soignants » (plutôt que des agents techniques). À peine 2 800 professionnels de santé, une goutte d'eau dans le budget hospitalier et qui, faute de revalorisation, manifestaient encore le 10 mars 2022.

Pour la santé, comme pour l'Éducation nationale, Emmanuel Macron reste fidèle à sa méthode : proposer un « pacte de confiance » avec la médecine de ville. Je m'installe sur un territoire, disons un « désert médical » dans la durée, et en contrepartie, je peux espérer un soutien financier de l'État. Même discours ou presque pour les EHPAD où, face à une population qui vieillit (1 million de personnes de plus de 75 ans à l'horizon 2025), le président de la République a promis 50 000 infirmiers et aides-soignants en plus, mais pas spécialement d'augmentation en espèces sonnantes et trébuchantes.

Les professions de santé sont-elles insuffisamment payées par rapport au reste de l'Europe ?

D'après les données internationales, de source OCDE, la France se situait il y a trois ans au niveau de la médiane des rémunérations européennes pour les infirmières et infirmiers, avec 31 493 euros brut en parité de pouvoir d'achat (PPA), c'est-à-dire en prenant en compte l'influence du coût de la vie et du niveau de développement. Si la France est ainsi mieux placée que les pays baltes et la Hongrie, qui ferment la marche, elle propose en revanche des rémunérations moins attractives que plusieurs de ses voisins, dont le Luxembourg et la Belgique. Ce qui peut alimenter des « fuites » de professionnels vers nos plus proches voisins. Si l'on prend également en compte un autre indicateur, l'écart salarial des personnels infirmiers par rapport au salaire moyen de chaque pays, la France se situe alors (pour une base 100) à 93 seulement par rapport à une médiane établie à 103. Mais ces données, datant le plus souvent de 2019, seront à réexaminer pour tenir compte de l'impact du Ségur de la santé, et en ajoutant à l'équation comparative d'autres éléments actuellement non pris en compte, comme la durée du travail et les primes.

Au vu des enjeux de réorganisation du système de santé qui sont considérables (éradiquer les déserts médicaux, développer la téléconsultation, renforcer la prise en charge des personnes âgées dans les EHPAD, etc.), je pense qu'il est important que le gouvernement envoie un message d'encouragement aux professionnels de santé, qui plus est dans un contexte inflationniste. Quitte en effet à conditionner certaines revalorisations à l'atteinte d'objectifs quantifiés, en milieu hospitalier comme en médecine ambulatoire.

3e priorité : accorder aux jeunes un revenu pour étudier et se rapprocher de l'emploi, et permettre aux séniors de travailler plus longtemps

Qui a oublié les images atterrantes de ces jeunes faisant la queue pour obtenir une aide alimentaire pendant la crise sanitaire ?

Deux ans après, et alors que 2022 a été désignée comme « année européenne de la jeunesse », on constate que les 15-29 ans (17 % de la population de l'Union européenne) ont particulièrement souffert de la crise sanitaire du Covid-19, en raison des perturbations dans le domaine éducatif, de l'isolement social, des pertes d'emplois et de revenus.

Il y a vingt-quatre mois à peine, plus d'un jeune européen sur six (17,6 %) âgé de 20 à 34 ans n'était encore ni en emploi, ni en éducation, ni en formation. Un rapport explique que les « jeunes ont connu une rupture dans l'accès à l'éducation avec la crise sanitaire[5] » et que la fermeture des établissements et le passage à l'enseignement à distance ont « augmenté les risques de décrochage scolaire chez les jeunes les plus défavorisés ». Une situation inconfortable qui n'a pas manqué d'inspirer les candidats à la présidentielle, avec un impact certain sur le scrutin.

---

5. « La jeunesse en Europe, quelles perspectives après la crise du Covid-19 », *Vie publique.fr*, 2 mars 2022.

Car le plus actif d'entre eux sur le sujet, Jean-Luc Mélenchon, a capté une part importante du vote des jeunes en proposant de créer une « garantie d'autonomie », destinée à remplacer les bourses préexistantes, accessible à tous les jeunes de 18 à 25 ans, qu'ils soient étudiants, apprentis, lycéens professionnels, à condition qu'ils soient détachés du foyer fiscal de leurs parents. Montant prévu par le leader de *La France insoumise* : 1 063 euros par mois.

Qu'on ne se méprenne pas : il ne s'agit pas seulement à mes yeux de venir en aide aux jeunes, durement éprouvés par la pandémie, mais aussi – comme le défend plutôt l'économiste Philippe Aghion – « d'investir intelligemment dans la croissance économique en permettant à davantage de jeunes d'être en situation d'innover et de maîtriser les savoirs de pointe[6] ».

Ainsi, qu'on l'appelle « garantie d'autonomie » comme Jean-Luc Mélenchon, « revenu universel de formation » (Philippe Aghion), « dotation universelle » (Anne Hidalgo) ou encore « pré-salaire d'autonomie » (Philippe Poutou), le revenu de base à verser aux jeunes, quel que soit leur statut, doit servir – pour être efficace – une stratégie moins exclusivement défensive (en termes de justice sociale) qu'offensive sur le plan économique : stimuler l'innovation par le renforcement conjugué de l'éducation et des moyens dévolus aux étudiants[7].

Une idée qu'attrapera peut-être au vol aussi Emmanuel Macron. Lui, jeune ministre de l'Économie et des Finances, qui déclarait début 2016 ne pas croire « à l'égalitarisme », mais croire « en l'égalité des opportunités[8] », au fondement même du revenu de base envisagé aujourd'hui pour les jeunes.

---

6. AGHION Philippe, « Un revenu universel de formation serait de nature à promouvoir l'autonomie des jeunes », *Le Monde*, 25 mars 2022.
7. AKCIGIT Ufuk, PEARCE Jeremy G. & PRATO Marta, « Tapping into Talent: Coupling Education and Innovation policies for Economic growth », Working Paper n°27862, *NBER*, septembre 2020.
8. Interview d'Emmanuel Macron, BFM TV et RMC, 20 janvier 2016.

Ma propre conviction est établie : c'est bien dans notre jeunesse que se loge le plus grand réservoir d'innovation et de gains de productivité. Et c'est dans ce gisement sans fond que nous pouvons espérer par la suite puiser pour augmenter plus tard les salaires de l'ensemble des actifs.

Mais notre pays peut-il raisonnablement se passer de l'expérience des plus âgés d'entre nous ? Peut-il envisager de laisser sur le bord de la route du travail les séniors, tout en prenant la voie résolue d'un allongement de l'âge de la retraite ? Ce n'est ni souhaitable, ni possible.

Actuellement, si le taux d'emploi des séniors (55-64 ans) progresse pour atteindre 56 % en 2021 contre 37 % en 2003 selon la DARES, il reste encore nettement inférieur à la tranche d'âge qui précède (plus de 80 % pour les 50-64 ans). Avec d'importantes conséquences que j'ai rappelées sur l'évolution salariale. Les salaires des séniors les moins qualifiés baissent à partir de 54 ans. France Stratégie a calculé que s'il y avait du travail pour tous dans cette catégorie d'âge, leur rémunération ne commencerait à décliner qu'à 57 ans[9].

Que faire pour corriger la trajectoire ? Mener une action vigoureuse de formation tout au long de la vie, avec une priorité forte en direction des actifs atteignant la cinquantaine, afin de développer l'employabilité des séniors, ce qui pourra inverser la courbe des salaires à cet âge.

4e priorité : lâcher du lest sur la rémunération des salariés du bas de l'échelle des revenus dans les secteurs non exposés à la concurrence internationale

Dans un environnement macroéconomique marqué par la flambée du prix des matières premières et de l'énergie, le portefeuille

9. France Stratégie, *ibidem*, novembre 2018, p. 12.

des actifs les plus fragiles est mis à rude épreuve. Les protéger apparaît donc comme une priorité.

Dans son discours du 2 avril 2022 devant les militants, le candidat Emmanuel Macron l'avait dit en d'autres termes : « Je ne me résoudrai jamais à ce que des Français qui travaillent voient tous leurs salaires partir en plein d'essence, en factures, en loyer[10] ». Soit, mais jusqu'où l'État peut-il et doit-il intervenir pour compenser les hausses de prix ? Mi-avril 2022, le gouvernement avait déjà mobilisé en quelques mois l'équivalent de vingt milliards d'euros par an pour protéger les ménages face aux hausses d'électricité et de gaz.

Avec des taux de marge remontés à un niveau élevé (32,2 % à la fin du premier trimestre 2022), les entreprises françaises pourraient aussi êtes mises à contribution. Autant une augmentation générale des salaires – je l'ai dit – est hors de propos car elle exposerait les entreprises du champ concurrentiel à fragiliser leur compétitivité à l'échelle internationale, autant se poser la question d'une augmentation des bas salaires devient absolument urgente.

À l'heure où j'écris ces lignes, les hausses de salaires issues des négociations annuelles obligatoires sont bien loin de couvrir celles de l'énergie et, plus structurellement, celles de l'immobilier. Entre l'automne 2021 et la fin du premier trimestre 2022, les mobilisations ont succédé aux mobilisations. Décathlon, Leroy Merlin, Amazon, Conforama, Flunch et même Thalès ou Dassault Aviation ont connu un climat social agité. À plusieurs reprises, les négociations n'ont pas débouché sur un accord dans les entreprises. Et 50 % des professionnels non-cadres interrogés par un cabinet de recrutement[11] déclaraient au printemps ne pas avoir été suffisamment augmentés.

10. Emmanuel Macron, meeting à La Défense Arena, 2 avril 2022.
11. Enquête du cabinet de recrutement Walters People, 31 mars 2022.

Des signes qui plaident pour un relèvement des bas salaires. Certains secteurs ont déjà ouvert la voie comme l'hôtellerie-restauration, avec un accord signé en décembre 2021 pour une revalorisation moyenne de +16 % en 2022.

Pour être indolore en termes de compétitivité, je plaide pour que cette hausse demeure limitée aux secteurs non exposés à la concurrence internationale : hôtellerie-restauration, mais aussi distribution, construction, transports. Dans cette logique, l'augmentation que je propose pour les enseignants et les personnels de santé serait également sans conséquence pour notre rang dans la compétition internationale.

Autre précaution à prendre : privilégier les hausses de bas salaires là où les métiers sont difficilement automatisables (nettoyage, sécurité, restauration...) par rapport à ceux où le risque de substitution est plus élevé, à l'instar du commerce.

Ce mouvement de revalorisation viendra peut-être moins spontanément que ce qu'on imaginait dans les branches professionnelles, malgré les tensions de main-d'œuvre observées dans certaines d'entre elles. En début d'année, les négociations dans le secteur du transport routier étaient ainsi jugées décevantes par les syndicats alors même que l'inflation se poursuivait et qu'il manquerait actuellement au moins 60 000 chauffeurs routiers en France d'après les acteurs de la profession.

Mieux payer le travail des salariés faiblement qualifiés suppose donc un effort combiné des négociations salariales de branches dans les secteurs non exposés à la concurrence internationale, complété des accords d'entreprises... lesquels peuvent en France (contrairement à ce qui prévaut en Allemagne ou en Espagne par exemple) déroger aux accords de branche...

Je crois à la décentralisation de la négociation collective pour adapter les salaires aux gains de productivité réellement dégagés dans l'entreprise, et qui sont différents d'une société à l'autre.

Financer la sortie de l'austérité salariale

Pour quitter l'impasse de la modération salariale, notre pays a trop longtemps misé sur une piste exclusive érigée en totem : baisser les cotisations sociales pour augmenter le salaire net.

Un artifice coûteux pour augmenter les salaires nets : éradiquer les cotisations sociales

Plutôt que de prendre le problème à la racine en regardant comment augmenter le revenu primaire (brut), nous avons constamment, depuis presque trente ans, privilégié une alternative qui présentait l'avantage d'éviter de s'aliéner les entreprises et reportait, au contraire, l'effort budgétaire public, quitte à affaiblir aussi notre modèle social.

Cette politique a commencé en 1993 avec l'exonération des cotisations famille (5,4 points) pour se prolonger jusqu'à aujourd'hui. Le dernier choix politique s'inscrivant dans cette ligne est la décision prise par Emmanuel Macron de supprimer, en 2018, 3,15 points de cotisations salariales et maladie.

Bien sûr, elle a des vertus. Sur le volet patronal des cotisations, ce choix a abouti – en concentrant une grande partie des allègements sur les bas salaires – à baisser le « coût du travail » et à réduire le chômage des actifs les moins qualifiés. Ce qui n'est pas rien.

En même temps, le recentrage de la politique d'allègement du coût du travail au niveau du smic pénalise l'industrie. Dès lors que les très bas salaires sont proportionnellement plus présents dans les services, l'écart de part de valeur ajoutée consacrée aux cotisations sociales fin 2021 entre les services (11,7 %) et l'industrie manufacturière (13,9 %) défavorise le redressement de cette dernière. Louis Gallois avait déjà prévenu François Hollande de cet effet pervers dans son rapport au gouvernement de novembre 2012[12].

---

12. Pacte pour la compétitivité de l'industrie française, Rapport au Premier ministre, 5 novembre 2012

Plusieurs candidats à la présidentielle, ne voyant pas très bien comment augmenter par d'autres moyens le pouvoir d'achat des Français, ont proposé d'aller plus loin encore dans cette voie conduisant à assécher le financement de notre modèle social. Valérie Pécresse (LR) a été sans doute la plus ambitieuse en la matière en annonçant en cas de victoire qu'elle augmenterait de 10 % la rémunération des salariés (jusqu'à 2,2 smics) d'ici 2027... grâce à une politique de baisse de charges, en partie compensée par l'État. Avec une facture totale estimée à 25 milliards d'euros ! Un gouffre financier. Même si on en comprend bien l'intention, on voit que cette politique d'extension des baisses de cotisations sociales pour augmenter le salaire net comporte aussi de sérieuses contreparties.

Lorsqu'Emmanuel Macron a supprimé les cotisations salariales chômage et maladie il y a quatre ans – ce qui a rapporté seulement +20 euros supplémentaires pour un salarié au smic – il a dû compenser ce gain pour les salariés par une augmentation beaucoup moins enviable de +1,7 % de la CSG.

Baisser les cotisations sociales toujours davantage se heurte à la fois à un problème de financement de la mesure, qui revient souvent en boomerang à l'État, mais a tendance à fragiliser également les sources de revenus de la Sécurité sociale. De quoi faire bondir les partenaires sociaux, la CGT ne se privant pas de faire remarquer régulièrement qu'avec « plus de 80 exonérations » en trois décennies, le manque à gagner correspondant pour les caisses de la Décurité sociale s'élèverait à 66 milliards d'euros[13] en 2019.

Et c'est vrai que toute baisse supplémentaire de cotisations sociales a tendance à se traduire soit mécaniquement par une ressource en moins pour les régimes sociaux, soit par la création d'un revenu additionnel pour limiter le creusement de leurs déficits.

---

13. « Augmenter les salaires en réduisant les cotisations sociales, c'est vraiment une bonne idée ? », *cgt.fr*, 2 août 2021.

Pas de quoi soutenir la dynamique des prestations sociales, toujours sous pression du fait à la fois d'un environnement plus inflationniste et de salaires qui précisément ne suivent pas la hausse des prix.

Quelques jours avant sa réélection, le président Emmanuel Macron s'est ainsi résolu à annoncer une revalorisation anticipée des pensions de retraite en juillet 2022, au lieu de janvier 2023 comme cela était initialement prévu. Une mesure présentée comme un moyen de maintenir le pouvoir d'achat des retraités, chahuté par une inflation à +4,5 % sur douze mois fin mars 2022.

Les retraités ne sont cependant pas les seuls à souffrir de l'inflation. L'ensemble des bénéficiaires de prestations sociales pâtissent à leur tour du décalage dans le temps entre l'évolution des prix et l'indexation de leurs revenus. C'est le cas des Français les plus modestes à qui une revalorisation de +1,8 % du revenu de solidarité active (RSA) a été consentie en avril dernier. Ou encore des actifs du bas de l'échelle des revenus touchant la prime d'activité, dont la prestation a été augmentée au même niveau, bien qu'en deçà de l'inflation.

Une conclusion s'impose : faute d'augmenter les salaires (bruts), la France se trouve prise au piège d'un terrible effet de ciseau entre l'augmentation (assez inévitable du fait de l'inflation) des prestations sociales et la baisse tendancielle des cotisations sociales depuis la fin du XXe siècle. Cela fragilise son modèle social, sans régler la lancinante équation d'un « travail qui doit payer plus ».

Les transferts fiscaux et sociaux, pour compenser les inégalités de revenus primaires, tournent trop souvent à la surenchère. Ils ont un coût exorbitant pour les finances publiques et les comptes sociaux.

Ce n'est pas ce chemin que je préconise de prendre pour stimuler le pouvoir d'achat des Français.

Réindustrialiser et travailler plus

La seule vraie solution pour construire demain une trajectoire ambitieuse de revalorisation salariale profitant au plus grand nombre, c'est celle de la réindustrialisation. Ceci pour deux raisons simples.

La première, c'est que contrairement à une idée reçue, ce n'est pas le coût du travail (donc le niveau des rémunérations et celui des charges sociales) qui est la cause centrale de notre effondrement industriel, mais le déficit de compétences (20 % de jeunes Français ont une formation scientifique contre 40 % des jeunes Allemands) et le manque d'entreprises de taille intermédiaire (ETI).

La seconde motivation à accélérer le redressement industriel, c'est que les gains de productivité sont structurellement plus élevés dans l'industrie que dans les services. Pourquoi ? Parce que l'industrie effectue plus de 80 % de la R&D mondiale et que, sans industrie manufacturière forte, il n'y a point non plus d'équilibre commercial extérieur réel. C'est ce que vit continuellement l'économie française depuis bientôt vingt ans, avec des déficits devenus abyssaux.

Pour restaurer un cercle vertueux menant à la hausse des salaires, il n'existe qu'une route : accélérer la mutation de notre économie pour ne pas rater le train de la troisième révolution industrielle.

Comment faire ? En se dotant d'un authentique fonds stratégique d'investissement, autorisant un réveil industriel et scientifique dans les filières d'avenir, avec des investissements massifs et innovants tout particulièrement dans l'électronique, la pharmacie, l'informatique quantique, la finance[14]. Avec un effort bien

14. Lire en particulier : « Une stratégie de réindustrialisation pour la France », Christian SAINT-ÉTIENNE, in *Des économistes répondent aux populistes*, chapitre 10, Odile Jacob, avril 2022.

plus conséquent de robotisation et de numérisation, non seulement dans les industries lourdes, mais aussi dans l'emballage et la logistique pour stimuler les gains de productivité, source ultérieure de marge de manœuvre pour augmenter les rémunérations plus tard.

Sous l'effet de la transformation numérique et avec l'arrivée massive des robots dans l'industrie, les gains de productivité devraient repartir plus nettement à la hausse, et la « sensibilité des sites industriels au coût du travail[15] » se réduire, ce qui pourrait faire l'affaire des salaires à terme.

L'effort qui est devant nous est cependant considérable. Car il nous faudra non seulement réindustrialiser et innover plus, mais aussi travailler plus pour retrouver notre rang et le niveau de vie qui l'accompagne.

Travailler plus, cela ne signifie pas forcément travailler plus d'heures dans l'année. Même si des heures supplémentaires seront sûrement utiles dans l'industrie, leur défiscalisation restant un atout majeur pour la réindustrialisation et la productivité du travail.

Travailler plus, cela signifie surtout travailler mieux, travailler plus nombreux, plus tôt et plus longtemps.

Travailler mieux, c'est-à-dire gagner en productivité, passe à la fois par une augmentation de rémunération (motivante), des parcours plus attractifs et des conditions de travail meilleures. En travaillant sur ces trois volets dans le cadre d'un accord global de performance, on réduit aussi les « coûts cachés » à l'origine de l'absentéisme, du turn-over et d'une productivité insuffisante. On peut donc espérer qu'une partie de l'augmentation des salaires soit mécaniquement financée par une élévation de la productivité

15. Babinet Gilles, « Une chance à saisir pour l'industrie française », *Les Échos*, 2 avril 2022.

en résultant[16], ce qui peut à la fois résoudre en partie le problème de compétences dans des filières en tension et réduire le coût pour l'employeur de l'augmentation de sa masse salariale.

Travailler plus nombreux, cela signifie améliorer le taux d'emploi. Principalement dans deux catégories : les jeunes et les séniors. Pour améliorer le taux d'emploi des jeunes de moins de 25 ans (de 17 points inférieurs à celui de l'Allemagne), il faut intensifier les liens entre les employeurs et le système d'enseignement professionnel, tout particulièrement en poursuivant les premiers résultats déjà engrangés en matière de développement de l'apprentissage. Pour améliorer le taux d'emploi des séniors (de 16 points supérieurs chez notre voisin germanique), la recette la plus simple reste encore de repousser « le départ à la retraite en allongeant les durées de cotisation et l'âge légal de départ au taux plein[17] ». D'autres pays de l'OCDE l'ont fait.

Travailler plus tôt est sans doute d'ailleurs moins important encore que démarrer sa vie professionnelle en étant en moyenne plus qualifié, afin d'occuper une fonction mieux valorisée et mieux rémunérée à l'ère de « l'économie entrepreneuriale », comme la désigne Christian Saint-Étienne[18], une économie qui intègre à la fois intelligence, informatique, Internet ou encore innovation et intégration.

Travailler plus longtemps est une conséquence assez inéluctable du vieillissement de la population française, qui appelle sans doute un nouveau recul de l'âge de départ à la retraite, mais aussi une augmentation du taux d'emploi des plus de 50 ans.

Travailler plus, cela revient sans doute aussi à conditionner le versement de minima sociaux tel que le RSA à la réalisation

16. Laurent Cappelletti et Henri Savall font cette hypothèse dans leur tribune publie par le journal *Le Monde, ibidem*, p. 28.
17. Cahuc Pierre, « Travailler plus, notre seule chance de Salut », *Les Échos*, 25 avril 2022.
18. Saint-Étienne Christian, *Ibidem,* p. 116.

d'une activité (intérêt général, formation, etc.), avec l'objectif que celle-ci permette à celui ou celle qui l'exerce de retrouver ensuite un emploi durable et avec pour conséquence d'échapper à des périodes d'assistanat prolongées.

Le niveau des salaires d'après-demain, c'est celui de la réindustrialisation que nous entreprenons aujourd'hui et des gains de productivité que nous dégagerons demain pour notre économie.

Je propose donc au gouvernement un « compromis productif et salarial » au terme duquel les progrès en matière de réindustrialisation et de productivité du travail qui seront visés puis observés dans le quinquennat feront l'objet d'engagements fermes et négociés à augmenter les salaires dans les branches concernées.

Produire plus sans penser à récompenser les salariés pour la valeur supplémentaire créée, c'est condamner ce redressement productif dans la durée. À l'inverse, augmenter les salaires si l'on n'a pas la capacité d'élever la production, c'est se tirer une balle dans le pied à l'heure d'une mondialisation hyperconcurrentielle.

Un compromis productif et salarial : une idée révolutionnaire ? À l'échelle microéconomique, Henry Ford l'avait déjà théorisé en 1922. Écoutons-le : « [...] notre propre réussite dépend en partie des salaires que nous payons. Si nous répandons beaucoup d'argent, cet argent se dépense. Il enrichit les négociants, les détaillants, les fabricants et les travailleurs de tout ordre, et cette prospérité se traduit par un accroissement de demandes pour nos automobiles. De hauts salaires pour tout le monde auraient pour conséquence la prospérité générale du pays, pourvu dépendant que, à l'accroissement des salaires, correspondit l'accroissement de la production[19] ».

C'est pour avoir jusqu'à présent ignoré ce théorème, après l'avoir adopté durant les Trente Glorieuses, que notre pays peine à se relever. Tant que les uns se borneront à revendiquer

19. Ford Henry, « Les salaires », *L'autobiographie*, chapitre XVIII, 2017.

le « progrès social » sans accepter le principe du progrès économique (qui le rend possible) et que les autres entendront réussir le redressement productif et commercial sans prétendre associer davantage aux résultats obtenus les salariés, nous échouerons à obtenir l'un et l'autre.

C'est pourquoi, je propose ce compromis, qui pourra prendre la forme d'un « accord de performance collective » (APC) au niveau macroéconomique. Un APC national au terme duquel l'État et les partenaires sociaux s'entendront en début de quinquennat pour fixer ensemble des indicateurs de réussite économique dont l'atteinte sera sanctionnée par des hausses graduelles de rémunération à l'initiative des branches, et modulées en fonction des résultats opérationnels constatés au niveau des entreprises. Cet accord de performance collective pourrait aussi inclure une clause concernant l'évolution du smic, dont la fixation relève *in fine* de l'État.

C'est de cette manière, et de cette manière seulement, qu'on peut espérer à la fois sortir d'une logique de défiance collective à l'égard de ceux qui déterminent les rémunérations et éviter que chaque NAO s'organise autour de tensions sociales inutiles ou débouche sur des accords qui seraient également préjudiciables au développement économique des filières et des entreprises.

Baisser la dépense publique globale et mieux traiter les serviteurs de l'État

Reste que le niveau des salaires d'après-demain, s'il sera fortement affecté (positivement) par la réindustrialisation (si elle réussit) et la restauration d'une trajectoire ambitieuse de productivité (si on y parvient), sera aussi tributaire de notre capacité à construire une économie moins bureaucratisée, créant plus de richesses avec moins de dépenses publiques. C'est le chantier de la modernisation de l'État.

Un chantier que certains voudraient retarder.

Un chantier que d'autres croient impossible.

Un chantier qui, de toute évidence, ne peut plus être différé.

Car dans un pays qui consacre plus de la moitié de sa richesse nationale aux politiques publiques (56 % précisément), il n'y a plus une minute à perdre. Jusqu'à présent, les gouvernements successifs ont échoué sur la « méthode » et les dernières années n'ont pas permis de s'attaquer sérieusement au sujet du fait de la pandémie de Covid-19. Comment faire pour qu'une « cure d'amaigrissement » des effectifs profite à la fois à nos finances publiques, à l'efficacité des interventions et serve aussi le pouvoir d'achat de ceux qui conduisent l'action publique ?

Où va la dépense publique ?

Sur 1 000 euros de dépenses publiques (hors crise sanitaire) :

- 575 euros vont à la protection sociale (dont 50 % pour les retraites et dont près de 200 euros pour l'assurance maladie) ;
- 143 euros pour les dépenses sectorielles de type économique ;
- 96 euros pour l'éducation ;
- 60 euros pour le régalien dont la moitié pour la défense ;
- 23 euros pour la recherche ;
- 66 euros pour les administrations publiques ;
- 37 euros pour la charge de la dette.

Source : D'après Les Gracques, « Le manifeste de la dernière chance », 2021, p. 168.

D'abord, en renonçant à la technique du « rabot » qui conduit à des absurdités en ne différenciant pas suffisamment entre les dépenses utiles (qu'il faut développer) et celles qui le sont moins (et dont on doit réduire la part). Si la dépense publique doit être ainsi réduite dans sa globalité, c'est au moins autant sa répartition que nous devons revoir. Avec l'objectif de redresser la trajectoire des moyens affectés aux dépenses à forte valeur pour l'avenir, dont l'éducation, qui devrait peser beaucoup plus que 9,6 % de la dépense publique annuelle, ou encore la dépense de recherche (2,3 %) soit 1,4 point de pourcentage de moins que la charge de la dette (3,7 %).

Les Gracques ont calculé que la France pourrait viser une réduction de 250 000 postes dans la fonction publique, soit 4,4 % de ses effectifs. Celle-ci pourrait s'opérer sous la forme de départs volontaires avec à la clé une économie, à terme, de 13 milliards d'euros par an[20].

À court terme, le succès de cette démarche reposera certes sur une dépense supplémentaire – car une « indemnité de départ volontaire » sera nécessaire – qu'ils évaluent à 15 milliards d'euros, mais seulement les deux premières années. Les hauts-fonctionnaires recommandent d'y ajouter une dépense additionnelle de 5 milliards pour accélérer le déploiement du numérique et de l'intelligence artificielle lequel, en permettant d'automatiser un certain nombre de tâches, facilitera ensuite la réduction des effectifs. Le tout avant de bénéficier ensuite 13 milliards d'euros chaque année, en principe avant la fin du quinquennat 2022-2027.

C'est possible. Les Canadiens l'ont fait, avec au bout du compte un départ de plus de 15 % de leurs effectifs de l'administration publique fédérale entre 1994 et 1999.

Les agents publics qui resteront en poste devront, pour leur part, être mieux accompagnés dans leur transition professionnelle, disposer de plus de moyens (numérique, autres équipements, formation...) pour gagner en efficacité. Leur motivation

---

20. Les Gracques, *Ibidem*, 2021, page 176.

devra aussi être un objectif premier pour qu'il serve la cible de performance publique visée.

Outre l'effort particulier en direction des enseignants et des chercheurs ainsi qu'en faveur des professionnels de santé, je propose qu'un effort plus général soit consenti sous la forme d'une évolution favorable du point d'indice, et aussi en mettant en place de nouvelles solutions de rémunération, qui existent déjà dans le secteur privé, comme l'intéressement de projet particulièrement utile pour fédérer les équipes. C'est un nouveau dispositif repensant entièrement la performance des agents publics et leur rétribution qui doit être envisagé.

Enfin, la dépense sociale (57,5 % de la dépense publique) devra être mieux pilotée.

Il s'agit d'abord de s'assurer que ceux qui peuvent prétendre aux aides sociales les touchent vraiment. Or, comme faute de les demander, ce sont un tiers des allocataires potentiels du revenu de solidarité active et de la couverture maladie universelle qui ne les touchent pas ; nous devons agir. Une solution, présentée par Emmanuel Macron durant sa campagne, consisterait à prévoir un « versement à la source ». Une idée qui avait déjà été avancée en 2017 et sur laquelle il faut avancer...

Deuxième chantier : veiller à ce que les aides sociales arrivent au bon moment pour protéger les Français. Ce qui suppose sans doute de revenir à un système de versement anticipé en cas d'accélération de la hausse des prix. On pourrait imaginer la cohabitation de deux mécanismes : le premier sur une indexation en fonction de l'inflation constatée, lorsque celle-ci est modérée, et un second prévoyant une revalorisation anticipée en cas de régime inflationniste plus conséquent (par exemple au-dessus de +4 % d'inflation pendant deux mois consécutifs).

Troisième chantier décisif pour l'avenir de notre modèle social : oser conditionner le versement d'un certain nombre de prestations sociales à une obligation d'activité. Notre principal problème étant la faiblesse du taux d'emploi des actifs les moins diplômés et qualifiés, notre devoir est de sortir d'un régime d'assistanat strict en demandant à ceux qui touchent le RSA de s'engager à hauteur de 15 à 20 heures par semaine dans une activité, de nature à favoriser l'insertion professionnelle.

Enfin, le moment est venu d'ouvrir un grand débat national pour mieux fixer le point d'équilibre dans les prochaines années dans la contribution au redressement du pouvoir d'achat des Français entre ce qui relève de la solidarité publique (versement de prestations sociales) et ce qui dépend de la solidarité privée (relèvement des salaires). Dans le cadre d'un « quoi qu'il coûte » protecteur pendant la pandémie de Covid-19, l'État s'est engagé pleinement pour soutenir les entreprises et les ménages. Il a continué à mettre sur la table quelque 30 milliards d'euros depuis l'automne 2021 afin de corriger les effets de l'inflation.

J'appelle symétriquement les branches professionnelles et les entreprises à faire leur part du chemin en vue d'une augmentation volontariste des rémunérations, qui ne se borne ni à relever les primes ni à courir seulement derrière l'inflation.

Chapitre 8

Mieux partager les revenus et les richesses

Avec des segmentations de tous ordres tendant à opposer nos concitoyens les uns aux autres, « l'archipel français » finit par entailler sérieusement notre contrat social. Pour des raisons de géographie, de culture, de croyance, d'identité, de qualification, et même de revenus et de richesse, la fragmentation est en marche avec une progression semblant dangereusement inéluctable.

Faute d'un lien fort qui l'unisse, notre société est devenue inflammable. Le politologue Jérôme Fourquet prévenait à ce propos qu'« une étincelle peut mettre le feu aux poudres[1] ». Et si le détonateur de la prochaine crise sociale, c'étaient justement les salaires ? Pas seulement parce que les revenus du travail patinent. Pas seulement parce que la part salariale stagne au sein de la valeur ajoutée, ce qui crée des tensions entre capital et travail. Mais plus certainement parce que certaines disparités salariales créent un fossé accablant entre un tout petit nombre – très au-dessus du lot salarial commun – et ceux qui peinent à joindre les deux bouts.

1. Fourquet Jérôme, Interview au journal *Le Parisien*, 18 août 2019.

Comment échapper à l'incendie salarial dans ce climat social que les pressions inflationnistes contribuent à tendre encore davantage ?

Pas par une augmentation générale des salaires. Cette solution ne sera réaliste que lorsque l'économie française aura retrouvé une industrie forte et un équilibre commercial extérieur durable.

Davantage sans doute en saisissant les quelques opportunités de sortie immédiate de l'austérité salariale que nous procurent plusieurs défis et qui, à eux seuls, justifient de donner un coup de pouce à des professions (enseignants, chercheurs, professionnels de santé, etc.) et des catégories (jeunes, séniors) exposées. Mais nos marges de manœuvre en termes d'accroissement des revenus primaires issus du travail ne sont pas considérables avec une trajectoire de gains de productivité restant défavorable.

La France doit donc se tourner vers d'autres solutions pour mieux valoriser le travail et les efforts de sa population active sans attendre la réussite de sa politique de réindustrialisation.

Je propose d'abord qu'en complément d'une augmentation ciblée des revenus du travail, on se donne les moyens de mieux partager la valeur, en redessinant l'équilibre devant prévaloir entre les revenus issus du travail et ceux provenant du capital. Sans qu'une déformation aggravée du partage de la valeur ajoutée au détriment des salariés ait été nettement établie en France au cours des quinze dernières années – contrairement à d'autres pays occidentaux au premier rang desquels les États-Unis – une vigilance particulière devra être observée pour que, dans les prochaines années, les résultats dégagés par les entreprises soient répartis au mieux entre l'actionnaire, la société elle-même, et les équipes entourant le dirigeant. Des compléments de rémunération, tributaires des performances collectives au sein de l'entreprise, sont aussi utiles sous forme d'intéressement ou de participation ou encore d'actionnariat salarié, dès lors qu'ils se présentent bien comme un complément du salaire, sans se substituer par ailleurs à la dynamique salariale qui doit rester un objectif premier.

Il faudra toutefois sans doute aller au-delà pour que le travail paye mieux ; il faudra prendre des mesures pour que le revenu salarial devienne un déterminant plus important du patrimoine futur des ménages que leur fortune héritée, ce qui est loin d'être le cas aujourd'hui.

Enfin, je suis intimement convaincu que si le « revenu universel (de base) » n'est pas la solution adéquate pour garantir aux actifs de mieux gagner leur vie – car il est dissocié du travail dont il affaiblit par conséquent la place, sauf lorsqu'il s'agit d'introduire une égalité d'opportunités (par exemple pour les jeunes au moment de leurs études) – l'octroi à une partie des actifs (du bas de l'échelle des revenus et/ou exclus temporairement du marché du travail) de services gratuits, serait de nature à compenser structurellement des salaires ou (allocations) trop faibles pour les actifs les plus fragiles.

Comment s'y prendre pour avancer dans ces trois directions ?

Mieux partager les revenus du travail autour d'une logique de performance collective

La priorité est de mieux partager les revenus issus du travail salarié. Pour y parvenir, limiter les écarts de revenus primaires (avant prestations sociales) est une première solution, à la condition délicate de trouver le point d'équilibre entre préoccupation éthique et efficacité économique quand on entend toucher aux salaires des plus hauts dirigeants.

Une solution plus prometteuse est sans doute d'avancer davantage dans la voie du partage de la valeur, afin de garantir aux revenus du travail une progression qui ne s'éloigne pas de l'orientation que prennent les revenus issus du capital.

Enfin, quelles que soient les solutions qui seront retenues pour rendre plus vigoureuse la trajectoire salariale et mieux répartir les gains entre capital et travail, nos revenus du travail sont un sujet suffisamment sensible pour que nous nous assurions aussi régulièrement de leur juste progression. Un véritable « observatoire » des salaires reste à construire pour se faire.

L'encadrement des rémunérations des hauts dirigeants, et leur subordination à des objectifs environnementaux et sociétaux

Si l'incendie salarial peut se déclencher à tout moment et ses flammes ravager notre société, c'est non seulement parce que les inégalités de revenus les plus flagrantes restent un facteur de perturbation de la concorde sociale, mais aussi parce que beaucoup de Français éprouvent un sentiment d'impuissance ; Parce que beaucoup désespèrent encore de passer d'un niveau de revenus bas à un niveau de revenus simplement moyen qui les mettrait à l'abri du besoin et des fins de mois difficiles. Car il faut, je le redis, des générations et des générations (souvent jusqu'à six) pour passer de l'ombre salariale à la fin de l'obscurité.

L'inégalité des chances, comme la peur de ne pouvoir s'élever, agit ainsi comme une puissante source de division et de mobilisation au moment où notre pays a plus que jamais besoin de se rassembler.

Que restera-t-il de la nation française dans le futur si elle ne parvient pas à dissiper les craintes du « déclassement » et les peurs de relégation de la classe moyenne ; si elle ne réussit jamais à réduire les disparités salariales qui font le lit des inégalités de richesse, dont le poids est si souvent dénoncé ?

Dans une conférence prononcée à La Sorbonne le 11 mars 1882, dans le contexte de la défaite militaire que la France venait alors de subir treize ans plus tôt face à la Prusse, Ernest Renan formulait l'idée qu'une nation repose à la fois sur un héritage passé, qu'il s'agit d'honorer, et sur la volonté présente de le perpétuer : « Une nation, écrivait alors l'historien, est une âme, un principe spirituel. Deux choses qui, à vrai dire n'en font qu'une, constituent cette âme, ce principe spirituel. L'une est dans le passé, l'autre dans le présent. L'une est la possession en commun d'un riche legs de souvenirs ; l'autre est le consentement actuel, le désir de vivre ensemble, la volonté de continuer à faire valoir l'héritage qu'on a reçu *individis*[2] ».

Il ne faut pas feindre de l'oublier : la perpétuation de notre contrat social cent quarante ans plus tard passe bien par notre capacité à faire vivre ensemble des individus qui, quelles que soient leurs différences, doivent pouvoir nourrir chacun un espoir raisonnable et suffisant d'ascension sociale. Or, ce contrat social est menacé quand le quotidien de millions de Français devient trop dur matériellement, qu'accéder à un niveau de revenus décent, et avec lui à la reconnaissance sociale ouvrant la voie à une vie à la fois digne et sereine, paraît hors de portée.

Il n'y a plus de ciment social quand un trop grand nombre ressent la peur du lendemain. Quand la crainte de chuter (davantage) ou de stagner sans terme précis remplace l'espoir de s'élever. Quand le malheur donne envie de baisser les bras plutôt que de lutter pour en sortir.

Je veux le dire avec force : notre pacte social est aussi un compromis salarial. Un pacte salarial dont dépend la cohésion sociale et l'épanouissement individuel et collectif du plus grand nombre. Il y a quarante ans, les patrons des plus grandes entreprises gagnaient en moyenne trente fois le salaire moyen dans leurs entreprises aux États-Unis. Aujourd'hui, cet écart est monté à cent fois !

Cette proportion est très similaire à ce qu'on observe désormais dans l'hexagone, où la rémunération moyenne des dirigeants des cent vingt plus grandes entreprises françaises est désormais cent-trente-deux fois plus importante que celle de leurs salariés[3].

---

2. Renan Ernest, *Qu'est-ce qu'une nation ?*, Conférence à la Sorbonne, 11 mars 1882.
3. Porcher Thomas, *Traité d'économie hérétique*, Fayard, mars 2018.

Avec des écarts de revenus aussi considérables, il est de moins en moins acquis qu'on puisse faire vivre ensemble durablement des citoyens qui ne pourront éternellement admettre que d'un côté les dirigeants voient leurs perspectives de rémunération gonfler indéfiniment, tandis que leurs propres perspectives salariales sont quasi-nulles ou se bornent à s'approcher péniblement du rythme de l'inflation. L'envolée surréaliste de la rémunération de Carlos Tavares avait défrayé la chronique au printemps 2022. Avec un montant de soixante-six millions d'euros au titre de 2021 – pour être précis dix-neuf millions touchés tout de suite puis quarante-sept millions encaissés dans les cinq ans à venir – les gains salariaux proposés pour le directeur général de Stellantis avaient été rejetés par 52 % des actionnaires lors de l'assemblée générale, provoquant également l'ire de l'État actionnaire, également opposé à cette progression.

La question de la limitation des écarts de salaires s'est aussitôt invitée dans la campagne présidentielle. Avec une interrogation délicate : mais comment donc s'y prendre pour encadrer la rémunération des plus hauts dirigeants, pour des raisons éthiques, sans compromettre d'un autre côté l'attractivité de la France auprès des talents étrangers ?

La première piste qui vient à l'esprit serait d'appliquer un facteur, par exemple vingt ou trente au maximum, entre la rémunération la plus haute dans la société et la rémunération médiane ou moyenne.

À la fin du XIXe siècle, le banquier John Pierpont Morgan (1837-1913) estimait déjà que, pour des raisons éthiques, un dirigeant d'entreprise ne devait pas percevoir plus de vingt fois la rémunération moyenne de ses salariés.

Il y a trois ans, dans une tribune du journal *Libération*, quatre députés (PS) avaient fait à cet égard une proposition choc : « nous proposons, écrivaient alors Stéphane Troussel, Dominique Potier, Boris Vallaud et Jean-François Debat, qu'au-delà d'un écart de un à douze – la Confédération européenne des syndicats propose la norme de un à vingt – les rémunérations concernées et les charges qui y sont associées ne soient plus déductibles du calcul de l'impôt sur les sociétés : « Il n'y a aucune raison que le coût de ces rémunérations excessives pèse indirectement sur la collectivité. Nous pensons, en outre, que l'entreprise serait ainsi incitée à mieux partager sa valeur. Par ce biais fiscal, elle aurait, en effet, un intérêt économique à augmenter les rémunérations les plus faibles pour accroître le plafond de déductibilité ou à maîtriser ses rémunérations les plus élevées[4] ».

Dans le prolongement de cette proposition, le second principe « jumeau » aboutit à procéder à un plafonnement des rémunérations les plus hautes des dirigeants.

En quittant Michelin pour Renault, Jean-Dominique Sénard, avait décidé de montrer la voie. Avec 450 000 euros annuels, sa rémunération se situait très en dessous des standards observés dans le reste des grandes entreprises françaises. Mais la rémunération du nouveau président non exécutif de Renault ne doit rien au hasard. On se souvient que l'un des premiers gestes symboliques de François Hollande à son arrivée au pouvoir en 2012 avait été d'encadrer les rémunérations des dirigeants du public (EDF, SNCF, La Poste, Orano, Aéroports de Paris (ADP), France Télévision, La Française des jeux, CMP Assurance…), précisément à ce montant, Jean-Dominique Sénard ayant vécu auparavant sur un train de vie assez différent chez Michelin (autour de 3,8 millions d'euros en 2017).

Côté privé, la régulation sera difficile. Il a en effet été démontré que l'augmentation des salaires des dirigeants était dans une grande mesure corrélée à la valorisation boursière. Xavier Gabaix et Augustin Landier, par exemple, ont montré que la croissance de 500 % des salaires des dirigeants des grandes entreprises

4. Troussel Stéphane, Potier Dominique, Vallaud Boris et Debat Jean-François, « Limiter les écarts de salaires : une urgence sociale et écologique », *Libération*, 19 février 2019.

américaines entre 1980 et 2003 pouvait être attribuée à une progression équivalente de leur capitalisation[5].

Pressé par l'Opposition, Emmanuel Macron n'avait pas manqué, à la veille du second tour de l'élection présidentielle, de proposer une première limitation prudente de la rémunération des grands patrons en subordonnant leur évolution au respect de critères environnementaux et sociétaux.

Une orientation nécessaire au regard des pratiques observées. Vigeo Eiris, qui apprécie le lien entre la rémunération variable des dirigeants et les performances de l'entreprise en matière d'ESG (facteurs environnementaux, sociaux et de gouvernance) fait ainsi remarquer dans son rapport 2020 qu'une majorité de groupes français « ne fait pas apparaître de tels critères dans leur documentation, et si certaines entreprises font part d'objectifs RSE, seulement une poignée communique des objectifs RSE précis à atteindre pour prétendre à cette rémunération[6] ».

Ce qui est en jeu, ce n'est pas seulement le montant des rémunérations, c'est aussi leur transparence. À l'origine d'une question épineuse : celle-ci doit-elle faire l'objet d'un encadrement juridique plus contraignant qu'aujourd'hui ?

S'il ne faut pas tomber dans l'excès et suggérer ainsi qu'il n'y aurait aucun lien entre la rémunération des patrons et leur performance, il est légitime de se demander jusqu'à quel seuil de rémunération l'incitation à la performance finit par moins jouer, voire devenir marginale. Yann Coatanlem et Antonio de Lecea, tout en reconnaissant la grande difficulté à trouver une réponse conciliant motivation du PDG, performance attendue et éthique du dirigeant, plaident plutôt pour qu'on allonge les

5. Gabaix Xavier et Landier Augustin, « Why has CEO Pay increased so much? », *Quaterly Journal of Economics,* 123 (1), 2008, pp. 49-100.
6. Cité par Breiman Muriel, « Les bonnes pratiques de rémunération sont rarement récompensées », *Investi*r, 4 juillet 2020.

durées d'attribution des actions dans le temps : « Lorsqu'il sait qu'il devra attendre cinq ou dix ans pour toucher ses actions, un dirigeant aura à cœur de veiller à la santé de l'entreprise dans le long terme[7] », défendent-ils.

Les conseils d'administration doivent être très vigilants. À défaut, il faudrait sans doute se résoudre à édicter des normes supplémentaires si les choses ne progressaient pas assez vite. En attendant, rien n'interdit de s'appuyer sur les bonnes pratiques déjà existantes. Certaines entreprises ont des comportements exemplaires. Elles sont de plus en plus nombreuses à divulguer en interne les rémunérations du dirigeant, voire plus récemment celles de leurs collaborateurs.

Pour un nouvel équilibre distributif des résultats de l'entreprise : dividende, salaire et investissement

Plafonner la rémunération des dirigeants et réduire l'écart qui sépare celle-ci du salaire moyen au sein de l'entreprise relèvent d'une logique « égalitariste », au risque aussi d'en rester à une forme de défiance permanente à l'égard des leaders de la société. Voire leur fragilisation.

Réconcilier les Français avec le capitalisme, ce n'est pas opposer les uns aux autres.

Réconcilier les Français avec le capitalisme, c'est au contraire voir comment intensifier la coopération entre les uns et les autres. Autrement dit, installer un équilibre en termes de rémunération, de décision et de capital qui stimule la motivation de tous plutôt que de quelques-uns seulement.

Réconcilier les Français avec le capitalisme, c'est construire une logique d'équité plutôt que d'égalité. C'est la question

7. Coatanlem Yann et de Lecea Antonio, *Le capitalisme contre les inégalités*, PUF, février 2022, p. 360.

du partage de la valeur, une idée progressiste posée il y a très longtemps et réapparue en 1948 dans un discours du général de Gaulle[8] à travers les notions de participation et d'intéressement.

L'idée lui est d'ailleurs souvent attribuée à tort car elle est bien plus ancienne. On en retrouve déjà quelques traces dans le *Second mémoire sur le paupérisme* (1837) signé par Alexis de Tocqueville, lequel entendait par la participation aux résultats « donner à l'ouvrier industriel comme au petit agriculteur l'espoir et les habitudes de la propriété ». Un concept qui va se propager ensuite avec succès dans la pensée politique tout au long du XIXe siècle, à gauche (Louis Blanc, Charles Fourier, Pierre-Joseph Proudhon...), mais pas seulement. Le catholicisme social inspirera aussi l'entrepreneur Edme Jean Leclaire qui associera dès 1842 ses ouvriers aux bénéfices de son entreprise du bâtiment, et jusqu'à Jean-Baptiste Godin, créateur en 1859 d'un familistère appelé « Palais social », autour de son usine de Guise. Une expérience qui durera sous sa forme coopérative pendant plus d'un siècle, avec une orientation des bénéfices vers l'aide sociale et la distribution d'actions aux ouvriers.

L'apport de l'auteur de l'Appel du 18 juin n'est cependant pas mince en ce domaine. C'est lui qui porte l'idée sur ses fonts baptismaux avec l'ordonnance du 7 janvier 1959, « tendant à favoriser l'association ou l'intéressement des travailleurs à la marche de l'entreprise ». Une manière, selon le premier président de la cinquième République, de trouver une troisième voie entre un capitalisme croulant déjà sous les critiques et le communisme, qu'il décrit alors comme une « tyrannie odieuse imposée à la personne ».

Depuis, l'idée de repenser la répartition des profits entre les parties prenantes (actionnaires, salariés, entreprise) a fait beaucoup de chemin.

8. Charles de Gaulle, Discours aux mineurs de Saint-Étienne, 4 janvier 1948.

En 2009, Nicolas Sarkozy reprenait les conclusions d'un rapport suggérant une distribution équitable autour de « trois tiers ». Un principe louable, mais en réalité peu applicable compte tenu de l'automaticité de la répartition des profits qu'il engendrerait, indépendamment du contexte de l'entreprise que seuls ses parties prenantes peuvent appréhender finement.

La grande loi économique du premier quinquennat d'Emmanuel Macron, la loi dite « PACTE » (2019), a redonné ses lettres de noblesse au sujet de l'équilibre de répartition des bénéfices, en favorisant l'épargne salariale et la participation des salariés à la gouvernance de l'entreprise.

Les résultats ne sont évidemment pas nuls : l'encours des plans d'épargne salariale et des plans d'épargne retraite entreprise s'élevait à 162,4 milliards fin juin 2021, soit un bond de +18,8 % sur un an. Dans le même temps, la couverture des salariés par un dispositif de participation, d'intéressement ou un plan d'épargne salariale a grimpé pour atteindre 9,3 millions d'entre eux, soit un peu plus d'un salarié sur deux du secteur privé non agricole.

Mais si les primes d'intéressement et de participation contribuent à relever le pouvoir d'achat des Français en fournissant à ceux qui en bénéficient un gros treizième mois (2 660 euros en moyenne pour l'année 2019), c'est moins d'un salarié sur deux qui en bénéficie aujourd'hui dans les entreprises dont l'effectif se situe dans une fourchette de 50 à 99, et à peine plus d'un sur dix dans celles de moins de dix salariés.

L'épargne salariale apparaît encore trop dans les faits comme l'apanage des grandes entreprises. Tout comme l'actionnariat salarié qui a battu des records l'an dernier (avec un encours de 61,3 milliards d'euros à fin décembre 2021), mais résulte principalement de l'initiative de sociétés géantes comme Axa, Véolia, Thales, Orange ou encore Eiffage.

Ayant pris toute ma part à la popularisation de ces dispositifs en acceptant depuis trois ans la mission d'ambassadeur à l'épargne salariale auprès du gouvernement, j'ai fait des propositions[9] pour aller plus loin et je mesure combien il reste difficile pour les entreprises de moins de cinquante salariés de progresser dans cette voie compte tenu de leurs contraintes opérationnelles au quotidien.

Tableau 9 – La diffusion contrariée de l'actionnariat salarié en Europe

Données disponibles	Année 2021
Part du capital des grandes entreprises cotées détenues par leurs salariés et dirigeants	433 milliards d'euros (contre 350 milliards en 2019, c'est-à-dire avant la pandémie)
Part des grandes sociétés disposant d'un actionnariat salarié	93,9 % (contre 93,4 % en 2020)
Nombre d'actionnaires employés	6,9 millions (contre 7,1 millions en 2020)
Part des actionnaires employés dans le capital des grandes sociétés Moyenne Europe Moyenne France	 1,48 % du capital 3,5 % du capital

Source : Fédération européenne de l'actionnariat salarié, avril 2022.

Le sujet a d'ailleurs été discuté lors de la campagne présidentielle où la question de la meilleure association des salariés aux profits a été reliée à la préoccupation d'améliorer le pouvoir d'achat des Français.

Dans son programme, le candidat Emmanuel Macron fixait l'objectif lors de son second quinquennat d'« avoir obligatoirement un dispositif de partage des profits dans les entreprises

9. Rapport de François Perret et Thibault Lanxade intitulé « Partager plus pour se développer mieux », juin 2019 remis au ministre de l'Économie et des Finances, Bruno Le Maire, et à la ministre du Travail, Muriel Pénicaud.

qui versent des dividendes ». Il faut dire qu'en 2021, ce sont 66 milliards d'euros qui avaient été distribués aux actionnaires, huit fois plus que les sommes reversées aux salariés sous forme de participation (environ 8 milliards) cette année-là ! De quoi agacer, d'autant que la rémunération des dirigeants du CAC40 avait par ailleurs atteint des sommets avec le montant colossal de 8,7 millions d'euros en moyenne par patron, dont environ un quart sous forme de « primes exceptionnelles ».

Notre pays est à la recherche de l'équation gagnante qui va non seulement améliorer le pouvoir d'achat des Français, réduire les écarts salariaux aux deux extrémités de l'échelle des revenus et finalement construire un dispositif vertueux dans lequel chacun puisse se sentir motivé et responsabilisé en fonction des résultats.

Lier, comme le prévoit le président de la République, le versement des dividendes à un versement d'avantages salariaux aux collaborateurs fait complètement sens. Les études[10] montrent que la participation des salariés au capital a un effet positif sur la performance. Elles montrent aussi que la participation des salariés permet de freiner les pratiques de versement des dividendes et rachats d'action. Bref, associer les salariés aux résultats et à la gouvernance freine la financiarisation des entreprises.

Reste que même si on peut comprendre la prudence du raisonnement consistant à conditionner la distribution des dividendes au versement, par ailleurs, soit de l'épargne salariale, soit de primes, on n'a pas encore pris le chemin le plus vertueux qui consisterait à conditionner le dividende versé aux actionnaires à la trajectoire des rémunérations fixes (et non seulement variables) versées aux collaborateurs. C'est en somme un *dividende salarial* (et non seulement salarié). C'est à ce prix que capital et travail seront

10. Lire en particulier : Hollandts Xavier et Cézanne Cécile, « La participation des salariés améliore le pouvoir d'achat et limite la financiarisation des entreprises », *The conversation.com*, 20 avril 2022.

durablement réconciliés. Encore une fois, Henry Ford à l'appui : « S'il est bon de la part du directeur d'une industrie d'essayer de lui faire produire de plus gros dividendes, il n'est pas moins bon d'essayer de lui faire produire de meilleurs salaires[11]. » Sans oublier à cet égard que toute décision qui s'inspirerait de ce précepte devra être prise au plus près des acteurs concernés et non « d'en haut », c'est-à-dire de manière administrée[12].

L'équation de l'équilibre du partage de la valeur comporte d'ailleurs trois « inconnues » (actionnaire, salarié, entreprise) et non deux (actionnaire et salarié) comme cela est trop souvent présenté. *A priori*, il n'y a pas de raison fondamentale de penser que le versement des dividendes se ferait au détriment de l'entreprise elle-même. Valérie Mignon rappelle à juste titre que les dividendes ne sont pas un frein à l'investissement et en donne pour preuve qu'« en 2018, les dix entreprises du CAC40 qui ont procédé aux plus gros versements de dividendes sont aussi celles qui ont le plus investi[13] ».

La question du vase communiquant – ou de l'étanchéité relative – entre les dividendes et la trajectoire salariale est une autre affaire. Comme je l'ai déjà dit, les négociations annuelles obligatoires avaient tendance à patiner au premier semestre 2022. Et les augmentations moyennes de rémunération dans les entreprises à se limiter à +2,5 % malgré une inflation bien supérieure. Cette évolution va dans le sens opposé de la très forte revalorisation du salaire des plus hauts dirigeants et de dividendes élevés versés au titre de l'année 2021. Au risque de laisser penser une fois encore que le travail ne paye pas assez...

---

11. FORD Henry, « Les salaires », *L'autobiographie*, *Ibidem*, p. 151.
12. Lire à cet égard la tribune de Benoit de Ruffray et François Perret, « Intéressement et actionnariat salarié : les vraies solutions pour mieux partager la valeur », *L'Opinion*, 27 mai 2022.
13. MIGNON Valérie, « Dividendes, actionnaires et croissance économique », *in Des économistes répondent aux populistes*, Odile Jacob, avril 2022, p. 77.

Comment rétablir la confiance entre actionnaires, dirigeants et salariés ? En élaborant un « compromis productif et salarial » national, décliné ensuite au niveau de chaque branche, afin qu'à l'avenir la revalorisation salariale dans les entreprises prenne mieux en compte les avancées en matière de croissance, de gains de productivité, de versement des dividendes et d'évolution de la rémunération des dirigeants.

Réconcilier durablement les Français avec le capitalisme, ce n'est pas donner des « miettes » aux salariés quand la rémunération des dirigeants du CAC40 augmente de façon considérable (+60 % par rapport à 2019) par ailleurs, et où celle des collaborateurs a tendance à se situer seulement dans une logique de rattrapage partiel par rapport à l'inflation.

L'augmentation de la rémunération des salariés, à inscrire dans le compromis productif et salarial, doit non seulement être substantielle mais aussi prévoir un équilibre, restant à déterminer, entre une part fixe et une part variable. Un équilibre qu'on est loin d'atteindre aujourd'hui. Ainsi, en première partie d'année, la moitié des TPE/PME seulement prévoyait une hausse des salaires en 2022, une hausse généralement supérieure à la moyenne des trois années avant la crise (dans 63 % des cas). Mais presque une sur deux (48 %) prévoyait plutôt d'opter pour « l'octroi de rémunérations annexes au salaire » (primes, intéressement, participation) selon le baromètre trimestriel de BPI France et de l'Institut Rexecode, publié le 23 février 2022.

C'est cet équilibre que j'invite à repenser dans le cadre du futur compromis productif et salarial. Car je n'envisage pas que le développement de l'épargne salariale puisse se faire au détriment de celui des salaires ! Or, si la question se pose, c'est parce que les partenaires sociaux font régulièrement part de leur crainte que le partage des bénéfices ne vienne à se substituer au salaire de base. Une étude conduite par Noélie Delahaie et Richard

Duhautois en 2015[14] laisse à penser que cette inquiétude n'est pas totalement infondée, de telle manière que le partage des profits serait *in fine* essentiellement et seulement neutre sur la rémunération globale plutôt que positif. Ce qui ne serait pas acceptable si cela devait se confirmer.

Piloter la politique des revenus en suivant le compromis productif et salarial

Mis à part l'augmentation ciblée des rémunérations dans la fonction publique – pour laquelle la décision appartient à l'État – et les différentes revalorisations du smic – dont la dernière en date du 1er mai 2022 (+2,65 %) pour tenir compte de l'inflation – qui relève aussi de sa responsabilité, la fixation des salaires dépend des branches professionnelles et des entreprises. C'est-à-dire d'une logique de solidarité privée.

Pour mettre en œuvre le « compromis productif et salarial » que je recommande, l'État devra donc d'abord convoquer les organisations patronales et syndicales autour d'une grande conférence sur la production et les salaires. La pédagogie présidant à cette conférence sera déterminante pour réussir. Il s'agit de favoriser la rencontre entre deux impératifs qui, jusqu'à présent, sont abordés de manière largement disjointe : le redressement de notre compétitivité et de notre industrie d'une part, la sortie de la modération salariale d'autre part.

La conférence sur la production et les salaires devra proposer un état des lieux détaillé de l'évolution du couple compétitivité industrielle et salaires dans leurs interactions. Elle devra fixer des objectifs clairs de réindustrialisation et de sortie de la zone rouge de notre commerce extérieur, et indiquer les objectifs de

14. Delahaie Noélie et Duhautois Richard, « Profit-sharing and Wages: an empirical Analysis using French Data between 2000 and 2007 », *TEPP*, mars 2015.

revalorisation salariale nationaux qui pourront résulter du redressement industriel et commercial.

C'est seulement à l'échelle d'une période correspondant au moins à un quinquennat qu'on peut espérer mesurer les premiers résultats de notre politique industrielle, et préciser ainsi la trajectoire macro-salariale que notre pays pourra prendre. Mais il est important d'envoyer aux collaborateurs le signal que si la réindustrialisation, la sortie du déficit commercial et le retour à des gains de productivité plus élevés sont au rendez-vous, ce sont aussi les salariés qui en bénéficieront sur leur bulletin de paie.

Je recommande aussi, comme l'avait fait en son temps Valérie Pécresse en tant que candidate à l'élection présidentielle, de mettre en place un instrument servant à mesurer le suivi des objectifs d'évolution des salaires tant au niveau national qu'au niveau des branches. Cet instrument pourrait prendre la double forme d'un observatoire indépendant des salaires et d'une conférence annuelle, évaluant les progrès conjoints de notre « compromis productif » et des objectifs salariaux en découlant.

L'observatoire des salaires gagnerait à avoir un périmètre large. Car, actuellement, plusieurs entités travaillent à collecter les données sur les rémunérations fixes et variables en France, de l'Insee à la DARES, provoquant une certaine dispersion des analyses. Par ailleurs, il importe à la fois que cet observatoire soit le plus indépendant possible des pouvoirs publics et, pour l'utilité des comparaisons, qu'il puisse permettre de confronter l'évolution des trajectoires salariales au sens large (salaires, salaire minimum, primes, intéressement, participation...) avec les réalités observées dans les autres pays européens.

Enfin, je crois utile de construire au sein de l'État une cellule interministérielle qui sera chargée à la fois de piloter la question salariale (y compris pour prévenir le risque de laisser se développer une divergence salariale public/privé comme cela a été le cas dans la précédente décennie) et de recommander au gouvernement une série de mesures visant à renforcer la négociation collective, notamment dans sa partie dialogue social sur les revenus.

Mieux partager les revenus du capital, aujourd'hui entre les mains d'une petite minorité

Sortir de l'austérité salariale est souhaitable. Je pense aussi que c'est possible avec le temps. Mais ce résultat, si on l'obtient, offrira-t-il aux Français l'assurance qu'au-delà d'apporter une solution à leurs fins de mois, il leur permettra aussi de préparer leur avenir en constituant un patrimoine conséquent ?

C'est beaucoup moins sûr. Parce qu'actuellement, un revenu – même élevé – n'est pas un déterminant prédominant dans l'accès à un patrimoine d'envergure. En France, la fortune héritée représente 60 % du patrimoine total, contre 35 % au début des années 1970. Aussi, si les inégalités de revenus ont été quasiment stabilisées dans notre pays et restent acceptables, surtout si l'on se compare aux États-Unis, ce n'est pas le cas pour les inégalités de patrimoine. Beaucoup de familles s'enrichissent sur la valeur de leur maison et de leurs actions, plutôt qu'à partir de leur travail, et il n'y a pas de redistribution de cette richesse. Ce qui fait que tout le monde ne part pas sur la même ligne de départ dans la vie.

La question devant nous est donc de savoir si la société française est prête à accepter une concentration croissante du patrimoine dans les mains de quelques-uns. D'un autre côté, il faut reconnaître que le fait de « transmettre son patrimoine à ses enfants, c'est le fruit d'une vie de travail qui a été taxé, hypertaxé et retaxé », comme l'expliquait Valérie Pécresse pendant la campagne 2022.

Dès lors comment s'attaquer au sujet de la rente sans tomber dans les simplifications ou la caricature ? Faut-il augmenter la taxation sur l'héritage, au motif que le dispositif actuel perpétue les inégalités de naissance, ou ne pas augmenter les droits de succession ?

Un véritable caillou dans la chaussure des élus politiques. Car le débat est largement empoisonné par les arrière-pensées en termes de recettes fiscales accompagnant les propositions des uns et des autres, autant que les présupposés à caractère idéologique. En décembre 2018, l'institut Terra Nova proposait d'augmenter le rendement de la fiscalité des successions en réformant son barème. À la clé, un gain de trois milliards d'euros. Bien moins que la prise en compte des propositions du Conseil d'analyse économique (CAE)[15], trois ans plus tard, lesquelles aboutiraient à récolter dix-neuf milliards en faisant varier le taux d'imposition en fonction de tous les héritages reçus au cours d'une vie (donations, successions...) et en réduisant ou en mettant fin aux exonérations et exemptions.

Attachés à l'égalité, les Français aiment tout autant la liberté. Les candidats à l'élection présidentielle 2022 ne s'y sont pas trompés. Valérie Pécresse (LR) avait proposé de supprimer les droits de succession pour « 95 % des Français ». Qualifiée au second tour, Marine Le Pen (RN) avait prévu pour sa part de ne pas toucher, en l'état, aux abattements des droits de succession, mais de créer une exonération pour « les biens immobiliers à hauteur de 300 000 euros ». Une mesure équivalant à un manque à gagner pour les finances publiques évalué à 3,8 milliards d'euros par l'Institut Montaigne à l'époque.

Emmanuel Macron, après avoir longtemps tergiversé sur ce sujet potentiellement explosif, avait fini quelques jours avant le premier tour, par proposer une augmentation de l'abattement des droits de succession en ligne directe (soit au minimum un enfant héritier) de 100 000 à 150 000 euros et de porter à 100 000 euros

15. Conseil d'analyse économique, *Repenser l'héritage*, Notes du CAE, n°69, décembre 2021.

les abattements aux autres membres de la famille (neveux et nièces du défunt, enfants du conjoint pour les familles recomposées, etc.).

La matière est aride. Mais ses implications budgétaires sont étendues. Car tout relèvement des plafonds ou exonérations supplémentaires sont autant de revenus en moins pour l'État qui devra soit se saigner un peu plus, soit en trouver d'autres (assurance-chômage, retraites, prestations sociales, réforme de l'État...) pour ne pas aggraver les déficits publics.

La réforme des droits de succession reste aussi un sujet sensible car elle oppose des arguments très entendables des deux côtés : lutter contre les inégalités de naissance et taxer la rente d'un côté *versus* laisser la faculté aux parents de constituer un patrimoine et d'en faire profiter librement leurs enfants à leur disparition, d'un autre côté.

C'est donc vers un juste équilibre qu'il faut tendre. Sans doute celui auquel avait abouti le rapport des économistes Olivier Blanchard et Jean Tirole. Les deux économistes avaient alors plaidé en juin 2021[16] pour une taxe à taux croissants sur tous les montants cumulés reçus au cours de la vie, avec un abattement élevé, afin de permettre à la classe moyenne de transmettre un patrimoine à ses enfants en franchise d'impôt. Une proposition également faite par l'OCDE dans son rapport publié un mois plus tôt[17], et qui recommandait de taxer le patrimoine reçu tout au long de la vie. À ce jour, un seul pays a adopté un mécanisme similaire : l'Irlande. Actuellement, l'impôt irlandais sur les acquisitions de capital taxe la totalité des donations et héritages reçus tout au long de la vie, au taux de 33 % après un abattement de 335 000 euros entre parents et enfants[18].

16. Commission Blanchard Tirole, Rapport « Les grands défis économiques », remis au président de la République, juin 2021.
17. OCDE, *Études de politique fiscale de l'OCDE*, n°28, Éditions OCDE, Paris, mai 2021.
18. Pando Annabelle, « Mieux taxer : les recommandations du rapport Blanchard-Tirole pour réduire les inégalités », *Actu-juridique.fr*, 11 août 2021.

La taxation, et les recettes fiscales qu'elle dégage, n'est pas une fin en soi. Quand elle est décidée, elle doit moins avoir pour objectif de renflouer les caisses de l'État que de réfléchir à l'usage qui pourrait en être fait. En l'occurrence, l'idée d'un « capital garanti par tous » (10 000 à 40 000 euros par personne, versé à 18 ou 25 ans pour réduire les inégalités) poussée par le CAE mériterait d'être creusée dans l'optique du revenu de base pour les jeunes que je défends.

Développer des revenus non monétaires pour les plus défavorisés

La sortie de l'austérité salariale, que j'appelle de mes vœux, ne changera pas grand-chose pour le quotidien des populations les plus vulnérables, durement exclues du marché du travail. La priorité est évidemment de tout faire pour accélérer leur retour à l'emploi. Mais notre devoir c'est aussi de les protéger contre le découragement, de leur permettre de surmonter les épreuves du quotidien pour, *in fine*, créer les conditions favorables à leur réintégration au sein du monde professionnel.

Comment ? En créant un filet de sécurité destiné à fournir une compensation extra-salariale à une exclusion prolongée de l'emploi. Cette solution est beaucoup plus réaliste, si la mesure est bien calibrée, que de s'orienter vers le revenu universel, qui s'apparente un peu à une bouteille jetée à la mer.

Mais faisons vite. Car en dépit de tous les efforts d'accompagnement, des centaines de milliers d'actifs, peut-être davantage encore, ne parviendront pas à élever leur seuil de qualification au niveau requis par les nouvelles technologies, et singulièrement par la révolution de l'intelligence artificielle.

Celle-ci provoquera nécessairement, pour certains emplois, une compétition entre l'homme et la machine. Même si de nouveaux emplois apparaîtront aussi grâce à l'IA, on ne peut écarter le scénario selon lequel les pertes d'emplois dépasseront sensiblement les créations. Du côté des salariés, chacun devra s'habituer à apprendre sans cesse de nouvelles techniques, à changer de métier, parfois plusieurs fois au sein de la carrière.

Dans les pays nordiques, et plus particulièrement au Danemark, cette voie est déjà très largement explorée par les gouvernements successifs, avec des résultats assez spectaculaires en termes de chômage, revenu à 4,6 % au début de l'année 2022 contre 8 % dix ans auparavant sous l'effet de ce qu'on appelle parfois le « golden triangle » : une régulation souple du marché du travail, fondée sur la négociation sociale sur tous les sujets, y compris le temps de travail, permettant une ample flexibilité dans les conditions de travail et de licenciement ; un généreux système de protection et de sécurité sociale optimisant les incitations au retour au travail ; enfin, une politique de l'emploi exceptionnellement active avec une formation massive de la force du travail lui permettant une totale adéquation avec la demande des employeurs. C'est ce dernier point qui doit nous faire réfléchir : le gouvernement danois a consacré jusqu'à 3 % de son PIB aux dépenses en formation. Comme le rappelait l'Institut Thomas More, auteur d'une étude dédiée au modèle scandinave[19], un effort équivalent représenterait soixante milliards d'euros pour la France, là où nous avons pris le parti de mettre quatre fois moins (environ quinze milliards d'euros) sur la table dans le cadre de la réforme de la formation professionnelle engagée lors du premier quinquennat d'Emmanuel Macron.

Or, la formation accélérée de notre main-d'œuvre aux nouvelles technologies ne peut pas attendre. Et, comme le suggère Yuval Noah Harari[20], il ne faut pas se tromper de cible : comme

---

19. Institut Thomas More, « Le modèle scandinave est-il bon pour la France ? », février 2018.
20. Harari Yuval Noah, *21 leçons pour le XXIe siècle*, Albin Michel, octobre 2018.

chez nos voisins du nord, ce n'est plus seulement « l'emploi » qu'il faudra préserver, ce sont « les hommes », afin de « focaliser sur les besoins fondamentaux des gens et protéger leur statut social et leur amour-propre ».

L'effort en direction des travailleurs non qualifiés ne pourra donc se résumer aux énormes moyens à déployer pour les aider à relever le défi technologique. Il devra aussi consister en la recherche de nouvelles activités à faire entrer dans la nouvelle gamme des emplois.

C'est précisément pour éviter que n'émerge une « nouvelle classe inutile », qui s'ajoutera à celle qui se sent déjà en situation de déclassement, qu'on se doit de trouver une réponse durable à la question du rapport que ces nouveaux exclus de la société technologique vont pouvoir encore entretenir avec leurs concitoyens demain. Privée de la connaissance suffisante pour accéder à tous les privilèges du nouvel environnement digital et de surcroît de l'emploi, parce qu'il nécessite la maîtrise des outils numériques, que pourrait devenir cette population de nouveaux pauvres ? Notre responsabilité est d'éviter sa marginalisation et sa révolte, si elle devait s'unir dans une même colère.

Je ne vois qu'un moyen pour y parvenir sans casse : la mise à disposition de ces victimes de la fracture technologique des ressources leur permettant de conserver un fil avec le reste du tissu social. Pas sous la forme du « revenu de base universel », qui ne fait pas consensus, compte tenu entre autres de la charge extraordinaire qu'il fait peser sur l'État. Mais par d'autres moyens plus agiles.

Le moment est venu d'expérimenter une voie plus douce et tout aussi généreuse : celle des « services universels de base[21] ». L'objectif serait alors, plutôt que de distribuer des revenus aux individus, de leur donner un accès gratuit à un

21. Harari Yuval Noah, *ibidem*, p. 55.

panier de prestations garanties, comme l'eau, les transports, l'énergie, les soins médicaux, Internet…

L'avenir du lien social se joue sur notre capacité à ne pas laisser « sortir » du jeu collectif les travailleurs les moins qualifiés. À les convaincre qu'il n'est surtout pas dans l'intention de l'État ou des collectivités de les abandonner à leur propre sort. Car si les inégalités de revenus déjà écrasantes devaient se doubler de la montée en puissance d'une nouvelle catégorie sociale constituée des « exclus de la révolution technologique », le processus de « séparation physique » (Raphaël Glucksmann)[22] qui pourrait en résulter ne pourrait qu'aggraver la ghettoïsation de notre société.

Il se peut que cette forme de redistribution soit même plus efficace pour corriger les inégalités de revenus que les allocations versées en espèces[23].

L'accès à des services publics gratuits (ou presque gratuits) présente un autre avantage encore par rapport aux revenus monétaires : orienter la dépense des ménages fragiles vers des prestations qui sont aussi de nature à favoriser l'élévation de leur qualification, et ainsi leur retour à l'emploi. De ce point de vue, l'accès à des formations non payantes fléchées sur les savoirs fondamentaux traditionnels (français et mathématiques) et nouveaux (apprentissage du numérique et des aspects relatifs à la transition écologique) pourrait créer de nouvelles opportunités professionnelles pour les populations en difficultés, dès lors que par ailleurs elles seraient mieux protégées contre la précarité sociale (se nourrir, se loger, se déplacer...).

Il ne s'agit pas de faire croire que la gratuité des services permettra à elle seule de fournir à chacun la possibilité financière

22. Glucksmann Raphaël, *Les enfants du vide*, Allary éditions, octobre 2018.
23. Cayla David, « Le revenu de base en question », in *L'âge de faire*, 3 juillet 2016.

suffisante de prendre sa vie et son destin en main, mais de la voir comme une possibilité offerte de s'échapper de la misère et de retrouver l'espoir de reconstruire un autre avenir, non plus à côté des autres mais avec eux et au milieu de celles et ceux qui vivent de leur travail.

Conclusion

Avec une inflation galopante, les salariés réclament des augmentations tandis que les entreprises, craignant pour leurs marges, restent frileuses. De leur côté, les banques centrales, s'alarmant du risque de spirale inflationniste, amorcent un retournement spectaculaire de leur politique monétaire.

De 2010 à 2019, les augmentations moyennes de salaire n'ont pas dépassé +2,5 % par an, avec ensuite un creux atteint en 2020 du fait de la crise sanitaire. Une morosité salariale qui ne se démentira pas cette année avec des hausses de rémunérations qui resteront nettement inférieures à celles de la hausse des prix en France.

Même le ministre de l'Économie, Bruno Le Maire, qu'on ne peut pas soupçonner de compromission avec une quelconque pensée collectiviste, appelle depuis plusieurs semaines « toutes les entreprises qui le peuvent » à « augmenter les salaires ». Mario Draghi avait lancé le même appel au patronat italien en juin dernier avant sa chute politique.

Jusqu'à présent, notre impuissance à penser et définir une véritable politique salariale est totale et contraste avec l'urgence de protéger Européens et Français contre une dégradation de leur niveau de vie.

Les mesures contenues dans le nouvel arsenal législatif destiné à préserver le pouvoir d'achat sont les bienvenues. Mais elles traduisent aussi une certaine impuissance voire un déni salarial. L'État s'efforce de protéger les Français contre la hausse des prix (revalorisation du smic, prime carburant, chèque alimentaire, indexation des retraites sur l'inflation, etc.). Mais cela ne suffira pas. Car à côté de cette approche « défensive », salaires, primes, intéressement et participation continuent d'être distribués sans faire l'objet d'un débat national visant à clarifier comment doit s'opérer le partage des fruits de la croissance.

Il y a ainsi toujours de bonnes raisons pour refermer le débat sur les salaires, avant même de l'avoir ouvert. Au nom de la croissance et de l'emploi, certains poussent des cris d'orfraie lorsque l'idée d'une augmentation des revenus du travail refait surface.

Est-ce à dire que nous sommes irrémédiablement condamnés, soit à courir après la compétitivité au détriment des salaires soit à céder à une augmentation générale des rémunérations aux dépens de notre redressement productif ? Je ne le crois pas. Le salaire n'est définitivement l'ennemi ni du développement économique ni de l'emploi.

Nous partageons désormais la responsabilité de ne plus penser et construire la croissance de demain en négligeant l'impératif social, tout comme nos obligations écologiques.

Le capitalisme financiarisé a, jusqu'à présent, montré l'étendue de ses limites pour lutter efficacement contre les inégalités salariales et de patrimoine et raviver l'espoir de prospérité de centaines de millions de salariés tant sur le continent européen qu'aux États-Unis.

La confiance dans ceux qui pilotent ce modèle s'étiole de semaine en semaine.

Les salariés menacent de rejoindre le cortège des affamés, des exclus et des chômeurs dont la colère se fait plus vocale et déterminée au point de menacer les équilibres sociaux et politiques actuels.

Les porte-voix altermondialistes et populistes de tous bords ne manquent pas pour offrir à ceux qui souffrent une tribune couvrant le plus souvent la voix moins facilement audible des discours réformateurs tournés vers l'efficacité économique et la cohésion sociale.

Le capitalisme 2.0 n'a plus tellement de temps devant lui pour répondre à ses détracteurs. Et pour se montrer apte à se plier aux nouvelles exigences d'un monde dont la prospérité ne reposera pas sur les seules nouvelles technologies, qui apportent à la fois leur lot d'innovation mais aussi de fractures.

Le capitalisme rénové et responsable, que nous devons installer, est engagé dans une course-poursuite avec ceux qui veulent faire croire que la folie des hommes, ses pulsions destructrices et inégalitaires sont directement liées à un système économique que d'aucuns avaient déjà assimilé à « la fabrique du diable » au XXe siècle.

Or, comme la démocratie à l'égard du système politique, le capitalisme est sans doute le pire des régimes (économiques)… après tous les autres. Pour échapper au sort funeste que certains lui prédisent sans pour autant proposer d'alternative crédible, ses animateurs ne doivent négliger aucune piste pour faire la démonstration qu'un développement économique soutenable reste possible. Que le retour à la croissance et la restauration de notre trajectoire de compétitivité ne vont pas se traduire systématiquement par plus de casse sociale.

Le salaire n'est peut-être plus le déterminant quasi hégémonique du pouvoir d'achat qu'il représentait encore au début des années 1960 quand il pesait alors 75 % des revenus des ménages.

Mais son poids reste encore suffisamment important pour symboliser assez bien la considération qu'on veut accorder à la valeur travail aujourd'hui. Décréter que le travail doit payer plus ne suffira plus dans les années à venir. Substituer presque systématiquement aux augmentations de salaires (relevant de la solidarité privée) des revalorisations permanentes et onéreuses de prestations sociales (à financer par la solidarité publique) équivaut à une fuite en avant plutôt qu'à une résolution du problème de pouvoir d'achat des Français.

Redresser la pente de la dynamique salariale, remédier à la déformation engagée depuis quarante ans du partage de la valeur ajoutée au détriment des revenus du travail, s'attaquer avec détermination aux différentes fractures salariales sont trois aspects d'une seule et même politique pour demain : une politique qui ne sacrifie ni les salariés sur l'autel du profit, ni la croissance et les investissements au profit d'une trajectoire salariale qui serait déconnectée du rythme de la productivité du travail…

Le compromis productif et salarial, que je propose au gouvernement et aux partenaires sociaux, n'exclut ni une ambition élevée de développement économique ni une réponse ambitieuse pour restaurer le lien social. Les deux volets de ce compromis sont aussi l'expression d'un virage profond que prennent nos entreprises, désormais orientées vers la recherche mieux combinée du profit et de la valorisation des efforts individuels et collectifs de leurs collaborateurs.

Les salariés français et européens doivent pouvoir vivre dignement de leurs salaires, sans attendre que ne jouent les mécanismes de correction prévus dans le cadre des transferts sociaux. Ce qui suppose d'éviter l'écueil consistant à disjoindre les questions de la réussite économique et de la redistribution.

Soyons lucides : notre pays ne peut plus se permettre d'opposer les défis les uns aux autres. On se souvient à cet égard de cet avertissement lucide qu'on prête à un Gilet jaune et qui aurait été prononcé au beau milieu de la crise sociale sur un rond-point à proximité de Baume-les-Dames (Doubs) en novembre 2018 : « les élites parlent de la fin du monde, quand nous on parle de la fin du mois. »

« Fin du monde » contre « fin du mois ». Greta Thunberg contre l'Abbé Pierre ! Tout l'enjeu pour tous les peuples de la Terre, c'est justement de parvenir à mieux concilier à l'avenir les impératifs de pouvoir d'achat à court terme et les exigences environnementales, si indispensables à la survie de la planète.

Le choix n'est plus entre développement économique, réduction des inégalités sociales ou réponse au défi climatique.

Toute progression dans une sphère ne pourra plus s'envisager au détriment des autres.

Replacer l'évolution des revenus au cœur de notre politique de progrès, c'est le plus sûr moyen d'offrir au capitalisme une seconde vie et aux peuples de retrouver de la confiance dans leur avenir !

Les forces vives de l'Europe et de la France réclament un débat et une politique en matière de revenus, à l'instar de l'Allemagne où le secteur sidérurgique s'est lancé depuis fin avril 2022 dans de vastes négociations de branche à l'initiative d'IG Metall, militant pour une augmentation de 8,2 % des salaires au profit de 68 000 salariés dans l'ouest du pays.

Ce grand débat productif, écologique et salarial, nous avons le devoir de l'ouvrir. Chacun devra y apporter sa contribution. L'État aura sans doute un rôle d'éclaireur. Les branches et les entreprises devront aussi y prendre toute leur place.

Bibliographie sélective

Ouvrages

Patrick Artus, *40 ans d'austérité salariale. Comment en sortir ?*, Odile Jacob, décembre 2020

Patrick Artus et Marie-Paule Virard, *Pour en finir avec le déclin : les priorités économiques et sociales de la France*, Odile Jacob, mars 2022

Philippe Askenazy, *Partager les richesses*, Odile Jacob, mai 2019

Yann Coatanlem et Antonio de Lecea, *Le capitalisme contre les inégalités*, PUF, février 2022

François Dubet, *Tous inégaux, tous singuliers. Repenser la solidarité*, Seuil, mars 2022

Didier Fassin (sous la direction de), *La société qui vient*, chapitre 34 « Richesse », Seuil, janvier 2022

Henry Ford, *My Life and Work*, 1922. Traduit en Français sous le titre *L'autobiographie*, chapitre XVIII intitulé « Les salaires », éditions Cadel, 2017

Charles-Henri Le Chevalier, *La rémunération des grands patrons. Halte à la démesure !*, Manitoba, septembre 2021

Les Gracques, *Le manifeste de la dernière chance*, Albin Michel, septembre 2021

Valérie Mignon, « Dividendes, actionnaires et croissance économique », in *Des économistes répondent aux populistes*, Odile Jacob, avril 2022

Yuval Noah Harari, *21 leçons pour le XXIe siècle*, Albin Michel, octobre 2018

Olivier Le Naire et Clémentine Lebon, *Le revenu de base. Une idée qui pourrait changer nos vies*, Éditions Babel, octobre 2021

Thomas Piketty, *Le capital au XXIe siècle*, Seuil, 2013

Dominique Plihon, *Le nouveau capitalisme*, Collection « Repères », La Découverte, octobre 2018

Pierre Rosanvallon, *Les épreuves de la vie. Comprendre autrement les Français*, Seuil, août 2021

Christian Saint-Etienne, « Une stratégie de réindustrialisation pour la France », in *Des économistes répondent aux populistes*, chapitre 10, Odile Jacob, avril 2022

Daniel Susskind, *A World without Work: Technology, Automation, and How we should respond*, Metropolitan Books, janvier 2020

Xavier Ragot, *Civiliser le capitalisme*, Fayard, avril 2019

Emmanuel Saez et Gabriel Zucman, *Le triomphe de l'injustice*, Points Essais, août 2021

Walter Scheidel, *Une histoire des inégalités de l'âge de pierre au XXIe siècle*, Actes Sud, janvier 2021

Rapports et études

Erwan Gautier, *Les hausses de salaires négociées pour 2022 : où en est-on ?*, Banque de France, 13 mai 2022

Commission Blanchard-Tirole, *Les grands défis économiques, rapport remis au président de la République*, juin 2021

Conseil d'analyse économique (CAE), *Repenser l'héritage*, Notes du CAE, n° 69, décembre 2021

Conseil national de la productivité, *Productivité et compétitivité : où en est la France dans la zone euro ?*, avril 2019

Jean-Philippe Cotis, *Partage de la valeur ajoutée, partage des profits et écarts de rémunération en France*, rapport au président de la République, 13 mai 2009

Deloitte, *Étude sur les rémunérations 2021*, 10e édition, 30 août 2021

France Stratégie, *Les salaires augmentent-ils vraiment avec l'âge ?*, novembre 2018

Lesfurets.com et CSA Research, « Les Français et leurs dépenses contraintes, résultats d'octobre 2021 », *lesfurets.com*, novembre 2021

OCDE, « Découplage salaires-productivité : quelles conséquences sur les politiques publiques ? », *Perspectives économiques de l'OCDE*, vol. 18 (2), 2018

OCDE, *L'ascenseur social en panne ? Comment promouvoir la mobilité sociale*, juin 2018

OCDE, *Tour d'horizon des inégalités croissantes de revenus dans l'OCDE : principaux constats*, 2010

OIT, *Rapport Mondial sur les salaires 2018-2019*, 26 novembre 2018

Trésor Eco, *L'évolution de la part travail dans la valeur ajoutée dans les pays avancés*, n°234, 17 janvier 2019

World Inequality Lab, *Rapport sur les inégalités mondiales 2022*, décembre 2021

Index

S

T

V

W, Z

Du même auteur

Ouvrages et rapport

François Perret, Thibault Lanxade, « Partager plus pour se développer mieux », Rapport remis au ministre de l'Économie et des Finances Bruno Le Maire et à la ministre du Travail, Muriel Pénicaud, 12 juin 2019.

François Perret, *Pour en finir avec la stagnation économique française*, L'Harmattan, 2017.

François Perret, Hervé Leteurtre, *L'essentiel du management hospitalier*, Berger-Levrault, 2000.

Articles et tribunes récents

François Perret, Benoît de Ruffray, « Intéressement et actionnariat salarié : les vraies solutions pour mieux partager la valeur », *L'Opinion*, 27 mai 2022.

François Perret, Alexandre Lamy, « L'accord de performance collective : une opportunité de meilleur partage de la valeur », *Le Monde du Droit*, 23 février 2022.

François Perret, Bernard Cohen-Hadad, « Filialiser au lieu d'exporter : un mal français », *Les Échos*, 22 décembre 2021.

François Perret, « Faut-il lever les sanctions contre la Russie ? », *Forbes*, n°16, octobre 2021.

François Perret, « Pression de la grande distribution sur la filière agroalimentaire : il est temps d'agir ! », *www.say.media*, 24 septembre 2021.

François Perret, « Il n'y aura pas de grand soir des relocalisations en France », *Le Journal des Entreprises*, Interview, 13 avril 2021.

François Perret, « Comment réformer Sciences Po », *SAY* - le monde d'après, avril 2021.

François Perret, Bernard Cohen-Hadad, « Entreprises fragiles : leur dette Covid n'est pas soutenable », *Les Échos*, 5 février 2021.

François Perret, « Le risque d'écroulement du revenu des ménages les plus fragiles comme de ceux de la classe moyenne est élevé en 2021 », *Le Monde*, 16 décembre 2020.

François Perret, « Le creusement des inégalités de revenus, ce poison mortel pour notre démocratie », *Forbes.fr*, 1er décembre 2020.

François Perret, « Il faut simplifier la participation », *Le Figaro*, interview, 27 février 2020.

François Perret, « Tous engagés dans un capitalisme rénové et responsable », *Opinion internationale*, grand entretien, 1er juillet 2019.

François Perret, Thibault Lanxade, « PME : faire sauter les derniers verrous de l'épargne salariale », *Les Échos*, 18 avril 2019.

À découvrir aux éditions Dunod

84055 - (I) - BOU 80 - KEP - MPN
Imprimerie CHIRAT - 42540 Saint-Just-la-Pendue
Dépôt légal : octobre 2022

Imprimé en France